中国自由贸易区战略：理论与实践

庄　芮　张国军　白光裕　著

对外经济贸易大学出版社

图书在版编目（CIP）数据

中国自由贸易区战略：理论与实践 / 庄芮，张国军，白光裕著. —北京：对外经济贸易大学出版社，2015.6（2016.8 重印）

ISBN 978 - 7 - 5663 - 1353 - 9

Ⅰ. ①中…　Ⅱ. ①庄…②张…③白…　Ⅲ. ①自由贸易区 - 贸易战略 - 研究 - 中国　Ⅳ. ①F752

中国版本图书馆 CIP 数据核字（2015）第 114828 号

中国自由贸易区战略：理论与实践

庄　芮　张国军　白光裕　**著**

责任编辑：汪　洋　冯小莉

对 外 经 济 贸 易 大 学 出 版 社

北京市朝阳区惠新东街 10 号　　邮政编码：100029

邮购电话：010 - 64492338　　发行部电话：010 - 64492342

网址：http：//www. uibep. com　　E - mail：uibep@ 126. com

北京九州迅驰传媒文化有限公司印装　　新华书店经销

成品尺寸：170mm × 240mm　　8. 25 印张　102 千字

2015 年 7 月北京第 1 版　　2016 年 8 月第 2 次印刷

ISBN 978 - 7 - 5663 - 1353 - 9

定价：39. 00 元

序　言

“自贸区”成为当下中国的一个热词，是从2013年9月中国（上海）自由贸易试验区挂牌成立之后开始的。从理论上讲，中国（上海）自由贸易试验区以及后续新增的广东、福建、天津三个自由贸易试验区，实为我国境内的特殊经济区域，属于“自由贸易园区”（Free Trade Zone，即FTZ）范畴。这些区域可以谓之“自贸试验区”，但不宜简称为“自贸区”，因为严格说来，“自贸区”通常是指主权国家或单独关税区之间经过政府谈判、签订协议所建立的自由贸易区（Free Trade Area，即FTA），而并非一国境内的特殊经济区域。

尽管FTA和FTZ存在本质区别，可在现实当中，我国多数媒体已然出现并混用了两类“自贸区”，一类是国内的自由贸易试验区，如上海、广东、福建、天津“自贸区”；另一类就是我国通过对外签订协议建立的FTA，如中国—东盟自贸区、中国—巴基斯坦自贸区、中韩自贸区等。

作为学者，我必须首先澄清概念，本书所谈的“自由贸易区”，皆指主权国家或单独关税区之间经谈判、签署协议所建立的自贸区（FTA），而中国实施自由贸易区战略，早在2007年就已被提升为国家战略。

中国为什么要实施自由贸易区战略？这一战略的理论基础和现实意义是什么？迄今为止，中国自由贸易区战略的推进情况如何？存在哪些障碍？未来需要注意哪些问题？所有这些内容，本书将一一论述。

本书共有五章，各章执笔者如下：第一章——自由贸易区理论基础，庄芮；第二章——中国自由贸易战略的提出背景，庄芮、张国军、白光裕；第三章——中国自由贸易区战略的实施情况，张国军；第四章——中国自由贸易区战略的实践效应，白光裕；第五章——中国自由贸易区战略的影响因素与推进建议，庄芮。全书由庄芮、张国军统稿。

2015是个关键年，这一年，美国主导的“跨太平洋伙伴关系协定”（TPP）以及东盟主导的“区域全面经济伙伴关系协定”（RCEP）都准备结束谈判、达成协议。在国际巨型自由贸易区日渐成形的大背景下，中国自由贸易区建设亦不断推进，由于现实情况仍在动态变化着，所以尽管本书力求系统探讨中国自由贸易区战略的理论和实践问题，但不尽完善之处还是在所难免，如有不妥，诚望各位读者不吝指正为感。

是为序。

庄　芮

2015年4月于惠园

目 录

第一章　自由贸易区理论基础

第一节　自由贸易区的含义与特征

自由贸易区（Free Trade Area，即 FTA）是区域经济一体化的一种合作形式。区域经济一体化，是以对内加强经济合作、对外增强竞争实力为目的，由政府出面通过缔结一体化协定或条约，将两个或两个以上主权国家或单独关税区经济结合在一起的区域性经济组织。由于区域经济一体化组织是由政府出面签署协定或条约加以约束，因此是一种“制度化安排”。

区域经济一体化通常具有两个特征：

第一，一般以市场一体化为基础，以经济一体化为目标。区域经济一体化组织通常从削减成员间的贸易壁垒、在区域内实现商品自由流通起步，即首先实现货物贸易自由化，然后随着市场一体化的发展，逐步实现服务贸易自由化、投资自由化、人员自由流动，进而实现经济上的全面一体化。随着区域经济一体化程度的提高，一体化组织还要求内部建立一个超国家的协调、指挥和决策机构，协调并最终统一各成员国的货币、财政等经济政策，解决成员国之间的贸易摩擦和争端，决定共同的对外政策等。

第二，一般都兼具开放性和封闭性。开放性是指区域一体化组织成员之间相互开放市场，削减甚至消除贸易、投资壁垒，实现区域内要素自由流动。封闭性是指一体化组织对于非成员采取有别于区内成员的政策，区内允许要素自由流动的优惠待遇并不同等给予非成员，因而限制了非成员的进入，体现出排他性。

世界贸易组织（WTO）允许区域经济一体化作为“例外”存在。

国际区域经济一体化按照发展水平的不同，可以由低到高分为六种类型，自由贸易区就是其中一种。

1. 特惠关税区（Preferential Duty Zone）。是指成员之间在进出口商品方面彼此提供关税减让优惠，削减关税但不消除关税，即成员间仍然存在一定程度的关税，因此一体化水平最低。

2. 自由贸易区（Free Trade Area，FTA）。是指成员间相互取消关税和其他贸易壁垒，但与此同时，各成员仍然保持其针对非成员的关税和贸易政策。

3. 关税同盟（Customs Union）。关税同盟比自由贸易区的一体化水平更高一层，因为关税同盟不仅成员间彼此削减、取消关税及其他贸易壁垒，实现自由贸易，而且还要求所有成员对非成员实行统一的关税和贸易政策。

4. 共同市场（Common Market）。共同市场是在关税同盟实现商品自由流动的基础上，进一步实现包括劳动力、资本等各种生产要素在内的“全要素自由流动”，其一体化水平较高。

5. 经济同盟（Economic Union）。经济同盟除了共同市场的内容之外，还要求成员之间在经济和社会政策上协调一致，如货币、财政、经济发展、社会福利等政策。

6. 完全经济一体化（Complete Economic Integration）。不仅要求各

成员在经济上取消国界，实行统一的经济政策，而且还要求在政治上有共同的权力机构，拥有各国政府全权授予的中央议会及其执行机构。这种最高层次的一体化，迄今尚无现实案例。

可见，在区域经济一体化的六种类型当中，自由贸易区（FTA）所代表的一体化水平仅高于“特惠关税区”，低于“关税同盟”、“共同市场”等更高类型。由于自由贸易区（FTA）以成员间实现商品自由流动为目标，同时又保留了各个成员对于非成员的政策独立性，故而在20世纪90年代以来的国际区域经济合作中被广泛采用。

根据世界贸易组织（WTO）的有关解释，所谓“自由贸易区”，是指两个以上的主权国家或单独关税区通过签署协定，在世贸组织最惠国待遇基础上，相互进一步开放市场，分阶段取消绝大部分货物的关税和非关税壁垒，改善服务和投资的市场准入条件，从而形成的实现贸易和投资自由化的特定区域。因此，正确理解“自由贸易区”的含义与特征，需要注意三个要点：

第一，商谈和签署自由贸易区的主体身份有两类——主权国家或单独关税区。

第二，自由贸易区所涵盖的范围是签署自由贸易协定的所有成员的全部关税领土，而非其中的某一部分。

第三，为防止第三方利用自由贸易区成员各自对非成员所执行的关税差异，“绕道”进入自由贸易区而实现贸易利益，自由贸易区须制定“原产地规则”，即必须是原产于成员地的商品，方可享受关税优惠。

为进一步阐明“自由贸易区”的概念，中国国家商务部、海关总署于2008年5月9日发布了《商务部、海关总署关于规范“自由贸易区”表述的函》（发布文号：商国际函［2008］15号），此函明确指出：“近年来，在国内一些公开发表的文章、内部工作文件和媒体报道中，常常出现另一种‘自由贸易区’的提法，其对应的英文为 Free Trade Zone（以下简称 FTZ，‘自由贸易园区’），指在某一国家或地区境内设立的实行优惠税收和特殊监管政策的小块特定区域，类似于世界海关组织的前身——海关合作理事会所解释的‘自由区’。按照该组织 1973 年订立的《京都公约》的解释，自由区（Free Zone）系指缔约方境内的一部分，进入这一部分的任何货物，就进口税费而言，通常视为在关境之外，并免于实施通常的海关监管措施；有的国家还使用其他一些称谓，例如自由港、自由仓等。中国的经济特区、保税区、出口加工区、保税港、经济技术开发区等特殊经济功能区都具有‘自由贸易园区’（FTZ）的某些特征。”因此，该函强调：“在今后的工作中，建议各有关部门、单位规范使用‘自由贸易区’的表述，包括其名称、译名和相关内容。同时，建议在正式文件中慎用‘自由贸易园区’的表述。”①

第二节　自由贸易区理论

自由贸易区的一体化程度低于关税同盟，但自由贸易区理论是在关税同盟理论的基础上发展而来。与关税同盟相比较，自由贸易区具有两个本质特征：

---

① 文件内容来自商务部官方网站：http：//gjs. mofcom. gov. cn/aarticle/ztxx/200805/20080505531188. html。根据此处定义，2013 年 9 月 29 日正式挂牌成立的中国（上海）自由贸易试验区［China（Shanghai）Pilot Free Trade Zone］，以及 2014 年 12 月党中央、国务院又批准新设的三个（广东、福建、天津）自由贸易试验区，严格来讲都应属于“自由贸易园区”（FTZ）范畴，这些“自由贸易园区”（FTZ）与主权国家或单独关税区之间签署协议所建立的“自由贸易区”（FTA）存在本质区别。

（1）对从世界其他地区的进口货物，成员国各自有权决定关税税率；

（2）自由贸易区适用原产地规则，只有原产于区域内或主要在区域内生产的产品，才能进行自由贸易。适用这一规则的目的，是为了限制“贸易偏转”（Trade Deflection）。所谓“贸易偏转”，是指利用成员国之间的关税差异，从关税最低的国家进入，以便在其他成员国销售。

罗伯森（Robson，1984）系统分析了自由贸易区的经济效应。

一、从单一国家角度考察

假设两个国家——H 国和 P 国形成自由贸易区，两国都各自在国内生产同一种商品 X；两国对 X 商品的进口分别征收不同关税，H 国相对较高，为 WT_H，P 国相对较低，为 WT_P；两国启用原产地规则，以避免世界其他地区的商品通过 P 国流向 H 国，但在 H、P 两国之间，原产于区内或主要在区内生产的产品可以免税自由流通，这种差别待遇，有可能造成区内与区外同种商品的价格差异。

先简单假定 H 国的对外关税 WT_H是禁止性的，即排除任何进口。自由贸易区的经济效应如图 1.1 所示。

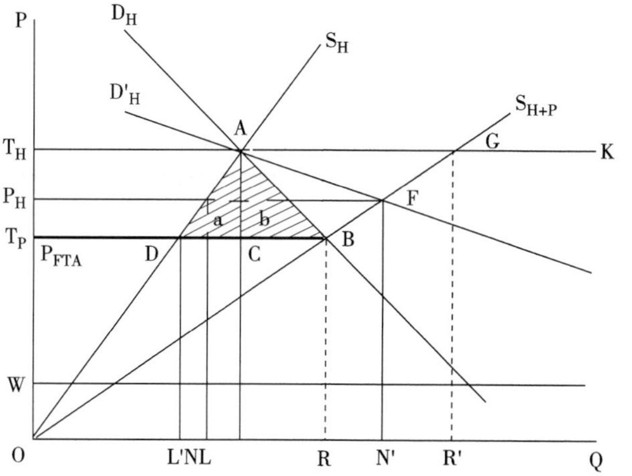

图 1.1 自由贸易区经济效应

图 1.1 中，H 国的供给曲线是 S_H，对外关税是 WT_H，价格为 T_H，相应产量为 OL；P 国的对外关税是 WT_P，其供给曲线与 H 国的供给曲线 S_H 水平相加，得到两国的总供给曲线 S_{H+P}；W 代表世界供给价格。

如果自由贸易区形成，只要自由贸易区整体仍是净进口方，那么，原产于区内的产品在 H 国的价格就不会低于 T_P，同时也不会超过 T_H（$T_H = W + WT_H$），这样，从 H 国的角度看，其产品（包括区内与区外产品）的有效供给曲线为 T_PBFGK。在自由贸易区内，P 国的供给数量取决于价格水平，而这个价格又由 H 国的需求曲线决定。所以，根据图 1.1 中 H 国需求曲线的两种情况，我们考虑两种可能：

第一种可能：H 国的需求曲线为 D_H，产品 X 在 H 国的价格为 T_P，在此价格下，P 国对 H 国的供给量为 L′R；这时，三角形 a 是贸易创造的生产效应，b 是消费效应。

第二种可能：H 国的需求曲线是 D_H'（D_H'比 D_H更富有弹性），产品 X 在 H 国的价格 P_H更接近上限 T_H（T_H高于从世界其他地区进口的价格），此时，H 国的自我供给量为 ON，P 国对 H 国的供给量为 NN′，贸易创造是由需求曲线 D_H'、供给曲线 S_H和水平线 P_H围成的小三角形部分。总体来说，在自由贸易区内，P 国可以用高于 T_P的价格供应 H 国市场，直至达到其全部供应能力为止，而 P 国国内市场的不足，则可以通过从世界其他地区进口来弥补。这种情况下，不管产品 X 在 H 国的价格如何，它在 P 国的市场价格都不会高于 T_P。贸易流动的这类变化，称为“间接贸易偏转”（Indirect Trade Deflection），即自由贸易区成员 P 国以区外产品替代区内产品。自由贸易区适用的原产地原则不可能限制或消除“间接贸易偏转”。这种偏转对区内成员福利的影响，需要通过下面的两国分析进一步阐明。

二、从两个国家角度考察

图 1. 2 和图 1. 3 给出了 H 国、P 国的需求曲线和供给曲线。在图中，W 代表世界供给价格；一体化之前，P 国的关税相对较低，为 WT_P，含关税在内的价格为 T_P；三角形 a 表示贸易创造的生产效应；长方形 b 表示以自由贸易区内伙伴国产品替代原先区外进口品，即贸易转移所带来的额外支出；三角形 c 表示 H 国得到的正消费效应；三角形 d 是 H 国得到的负消费效应；三角形 e 是 P 国的生产效应，它可能为负，也可能为零，并主要针对关税同盟的情形。

下面是关于自由贸易区经济效应的两种情况分析，在分析过程中，同时与关税同盟进行比较。

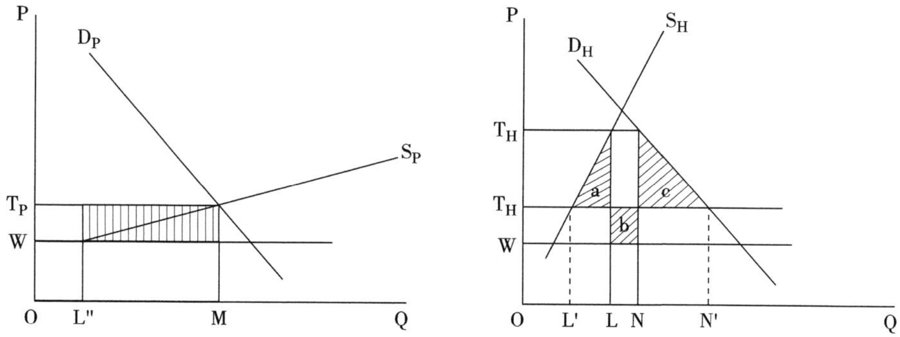

图 1. 2（a）　自由贸易区经济效应

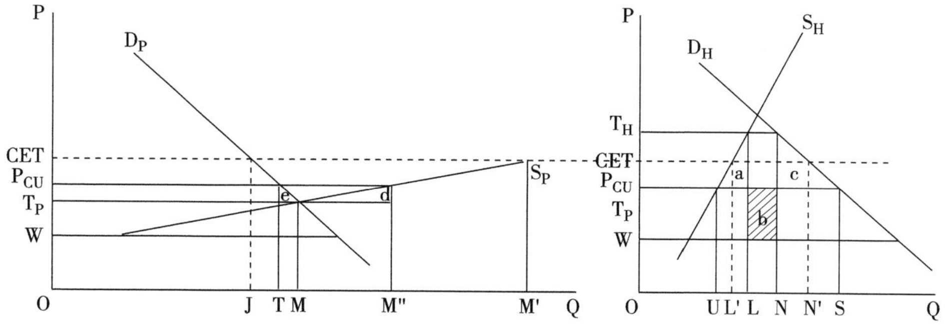

图 1. 2（b）　自由贸易区与关税同盟效应比较

第一种情况： 如图 1.2（a）所示。假设 H 国和 P 国的需求状况相似，H 国相对缺乏生产效率；P 国的供给相对更有竞争力，且供给曲线更有弹性，当 P 国的产出超过 OL″时，其价格高于世界供给价格 W。

在自由贸易区形成前，P 国产品的生产与消费数量均为 OM，价格为 T_P，其关税排除了任何进口。H 国的生产是 OL，消费是 ON，消费超出国内生产的 LN 部分，就是按价格 W 向成本最低的外部世界的进口，H 国获得关税收入 $LN \times WT_H$。

如果 H、P 两国组成自由贸易区，那么由图 1.2（a）可知，当价格为 T_P时，区内供给为 OM + OL′，这一供给量明显小于该价格下的需求 OM + ON′，供求差额 L′N′也小于 P 国在价格 T_P下的供给量 OM。在一个排除了外部最低成本供给的自由贸易区内，P 国以价格 T_P向 H 国供应数量为 L′N′（L′N′ = L″M）的产品，余下相当于 OL″的产品留给 P 国国内市场，P 国的过剩需求 L″M 则以价格 W 从世界其他地区进口。这时，一体化之后的自由贸易区将存在一个单一的均衡价格（T_P）——它等于自由贸易区形成前，两个成员国价格中处于较低水平的那个价格。可见，对于 H 国来说，贸易创造是生产效应 a 加上消费效应 c，两者之和大于贸易转移成本 b。这里，贸易转移成本 b 与 H 国原先的关税收入之差（$LN \times WT_H - b$），实际上只是 H 国国库向消费者的一个内部转移，即 H 国关税收入的损失转化为该国的消费者收益，而不是一体化组织的实际收入损失。在 P 国，生产、消费的数量以及价格水平都和以前一样，但政府收入将增加竖线表示的矩形部分，它意味着 P 国的国民收入增加。就外部世界而言，它们向 P 国的出口 L″M 显然大于过去向 H 国的出口 LN。所以，自由贸易区普遍改善了成员国及外部世界的福利，是有利的。

接着比较 H、P 两国组成自由贸易区与组成关税同盟的效应差别。在图 1.2（b）中，基于税率平均化的关税同盟在价格 CET 处供大于求，故共同对外关税仅仅形成价格上限。均衡价格为供求相等（TM" = US）时的P_{cu}。这样，尽管贸易创造（生产效应 a + 消费效应 c）小于在自由贸易区时的情形，但（a + c）将明显超过贸易转移 b。选择自由贸易区还是关税同盟，差别主要体现在 P 国。关税同盟条件下，P 国的消费者要遭受消费损失，此外，关税同盟导致成员国与外部世界的贸易消失，而自由贸易区却促使区内成员与外部世界的贸易增加。因此，综合看来，自由贸易区的选择优于关税同盟。二者的区别主要源于自由贸易区的原产地原则无法防止“间接贸易偏转”。显而易见，如果把一直忽略不计的运输成本考虑进来，那么，自由贸易区成员的地理位置越分散，其“间接贸易偏转”发生的可能性就越小。

第二种情况：如图 1.3（a）所示。与第一种情况不同，此处将考虑自由贸易区内产品价格的差异。仍然假定 P 国的供给相对有竞争力、其供给曲线更有弹性，不过，P 国现在无法满足 H 国的产品需求。

在建立自由贸易区之前，假设 H 国和 P 国都实行禁止性关税。P 国的生产、消费均为 OM，H 国的生产、消费均为 ON。如果自由贸易区建立，如图 1.3（a）所示，P 国在价格 T_P下的供给将无法满足 H 国的额外需求，因此，自由贸易区内 H 国的均衡价格为 P_{FTA}（该价格使 L′N′ = OM′）；同时，P 国的价格不可能超过 T_P，因为只要价格达到 T_P，P 国就有可能从世界其他地区进口商品。这样，自由贸易区内有两个均衡价格。在这种情况下，H 国将只存在贸易创造效应（a + c）；P 国将没有任何额外的消费或生产成本，但该国仍有政府收益，即竖线表示的长方形部分，它同样意味着 P 国国民收入的增加。

若 H 国和 P 国组成的是关税同盟，则如图 1.3（b）所示，共同对外关税将起作用，在这一关税水平，供给与需求大致平衡，H 国和 P 国的价格比它们组成自由贸易区时略高。这种情况下，H 国存在贸易创造

(a + c);P 国因为能以较高价格向 H 国出口而获利，但 P 国同时也要付出代价——负的消费效应 e 和负的生产效应 d。

由此可见，在第二种情况下，自由贸易区的选择还是优于关税同盟。一般来说，如果不考虑其他特定市场条件，这一结论对于比较自由贸易区和税率平均化的关税同盟，几乎是广泛适用的。

这里需要指出，上述分析主要针对最终产品，如果进一步考虑中间产品的关税悬殊，那么这种关税差异将可能导致区内生产模式扭曲，即自由贸易区内的生产将趋向于在投入品关税较低的成员国进行，这类生产扭曲效应，很可能削弱自由贸易区比之关税同盟而具有的相对优势。

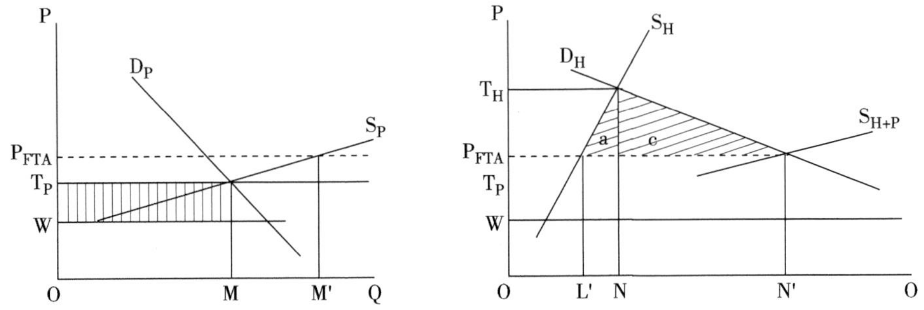

图 1.3（a） 自由贸易区经济效应

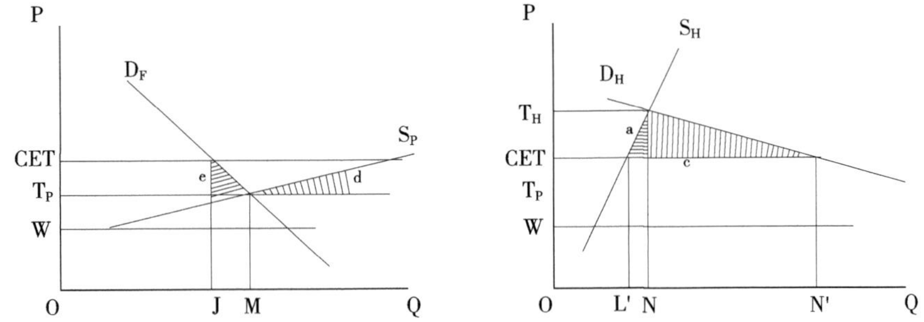

图 1.3（b） 关税同盟经济效应

第二章　中国自由贸易区战略的提出背景

2007年10月，党的十七大报告首次明确提出中国要“实施自由贸易区战略，加强双边多边经贸合作”。2012年11月，十八大报告再次强调中国要“统筹双边、多边、区域、次区域开放合作，加快实施自由贸易区战略，推动同周边国家互联互通”。2015年3月，李克强总理的政府工作报告又重申了“加快实施自由贸易区战略”。

自由贸易区战略之所以上升为中国的国家战略并持续推进，有其深刻的时代背景。

第一节　中国自由贸易区战略提出的国际背景

近年来，受WTO多哈回合谈判进展缓慢的影响，世界各国纷纷将经贸政策重点转向区域经济合作，竞相制订自由贸易区战略，FTA谈判步伐明显加快。自由贸易区已经成为诸多国家开展战略合作、参与国际竞争的重要手段。

一、全球背景

WTO资料显示，20世纪90年代特别是进入21世纪以来，由于全球多边贸易谈判进展日趋艰难，世界各国商签自由贸易协定（FTA）的热情不断高涨，区域经济一体化趋势日益显著（图2.1）。根据最新统计，截至2015年1月，全球向WTO通报的区域贸易协定（RTA）达到604个，其中生效的RTA有398个。①在这些区域贸易协定当中，自由贸易协定（FTA）占比达到90%左右。

应该说，近年来自由贸易区（FTA）在全球大量涌现，其原因除了多边贸易体制特别是WTO多哈回合谈判遭遇困境、各国转而谋求地区合作之外，还在于20世纪90年代以来，自由贸易区（FTA）已成为大国开展战略合作与竞争的重要手段，正在加速改变世界经济和政治格局。这是因为自由贸易区已经超越了经济范畴，兼有外交、政治方面的战略意义。它通过更加优惠的贸易和投资条件，将成员的经济利益紧密联系在一起。经济利益的融合又加强了成员之间的政治、外交关系，形成各种利益共同体。这一趋势使国家之间的竞争演变为各个利益集团之间的竞争。自由贸易区的大发展，对世界经济、政治格局产生了重大影响，也使中国和平发展面临更多的机遇和挑战。在世界各国特别是大国竞相发展自由贸易区的形势下，如果置身局外或落于人后，中国的发展空间就会受到挤压，在日趋激烈的国际竞争中就可能处于不利境地。

因此，从全球角度看，提出并实施自由贸易区战略，是中国对国际区域经济一体化发展趋势的顺应之举。

二、地区背景

与欧美相比，亚太区域经济合作在20世纪90年代之前并无太大作为。1998年之前，亚太地区仅有亚太经合组织（APEC）、北美自由贸易

---

① 资料来源：WTO网站（https://www.wto.org/english/tratop_e/region_e/region_e.htm）。

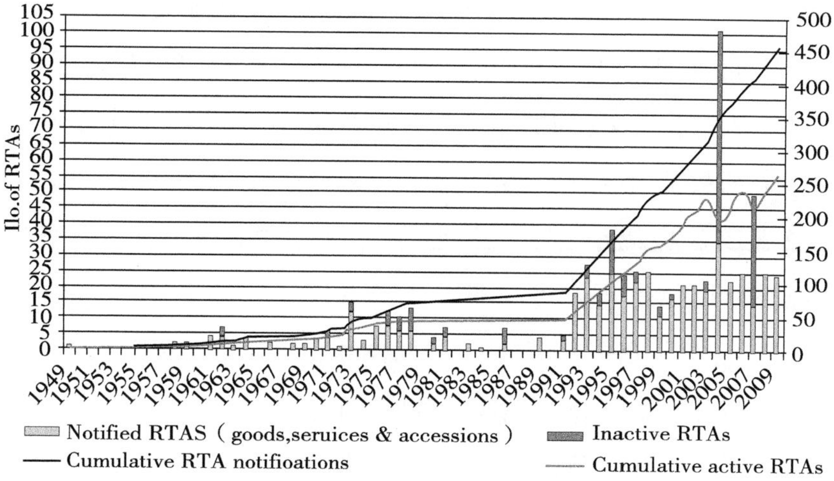

图 2.1　1948—2009 年全球 RTA 发展趋势

资料来源：WTO 网站（http：//www. wto. org）。

区（NAFTA）、东盟自由贸易区（AFTA）、澳大利亚—新西兰紧密经济关系协定（CER）等少数几个区域贸易安排。但 1997 年亚洲金融危机之后，随着国际和地区局势的变化，亚太各国逐渐重视地区合作并开始积极推进区域经济一体化。据 WTO 统计，截至 2013 年 5 月，APEC 成员之间已经达成并生效的自由贸易协定（FTA）有 46 项，2000 年前这一数据仅为 6 项，2000—2005 年新增 12 项，2006 年后达成的成员间 FTA 有 28 项。①近年来，这些数字还在攀升，以致亚太地区的各种 FTA 交叉重叠，已然出现一种复杂的“意大利面碗”格局。

目前，除了各国分别对外签署的诸多双边 FTA 之外，亚太区域经济合作的主要机制和平台包括：

1. 东盟自由贸易区（AFTA）

东盟自由贸易区是在东南亚国家联盟（ASEAN）的基础上发展而来。

① 资料来源：WTO 网站“RTA Database”.

1992年1月28日，东盟自由贸易协定（AFTA）于新加坡签署。目前，东盟自由贸易区（AFTA）共有10个成员，其中6个是老成员国（新加坡、马来西亚、泰国、文莱、菲律宾、印度尼西亚），4个是20世纪90年代陆续加入的新成员国（越南、老挝、缅甸、柬埔寨）。2007年11月，东盟领导人在东盟成立40周年之际，签署了具有里程碑意义的《东盟宪章》和《东盟经济共同体蓝图》等文件，明确规定了东盟共同体将由三大支柱——东盟经济共同体、东盟安全共同体和东盟社会文化共同体组成，而东盟经济共同体拟于2015年建成。届时，东盟将"创造一个单一市场与生产基地"、"形成一个竞争力强的经济区域"、"确保本区域经济平衡发展"、"推动本地区与国际经济体系的融合"。

2013年4月，在文莱举行的第22届东盟峰会再次强调要推动实现东盟共同体，峰会明确了确保2015年建成东盟共同体必须采取的具体措施和步骤，并提出了在2015年后努力实现真正"以人为本"的东盟长远目标。根据此次峰会主席声明，东盟经济共同体蓝图所规定必须采取的措施中，已经完成259项，完成率达77.54%。[①] 东盟共同体如果于2015年年底前顺利建成，东盟十国的经济一体化水平将从"自由贸易区"上升为"共同市场"，而东盟今后的自身建设，也将重点围绕这一核心展开。

2. 五个"10+1"结构

以东盟十国为中心的"10+1"结构从"中国—东盟自由贸易区"（CAFTA）开始。2002年11月，中国与东盟签署《中国—东盟全面经济合作框架协议》，规定中国与东盟老成员于2010年建成自由贸易区，与东盟新成员于2015年建成自贸区。继中国之后，东盟又陆续同日本、韩

---

① 数据来源：第22届东盟峰会主席声明 http://www.asean.org/images/2015/february/asean_ publications_ 2014/11.%20November%202014%20 -%20ASEAN%20Documents%20Series%202013.pdf。

国、印度、澳大利亚—新西兰建立了“10+1”模式的自由贸易安排。迄今，所有这五个“10+1”的生效情况如表2.1所示。

表2.1　　五个“10+1”生效情况

“10+1”具体名称	生效时间	备注
东盟—中国FTA	2005年1月1日《货物贸易协议》生效 2007年7月1日《服务贸易协议》生效	2009年年底已基本建成
东盟—日本FTA	2008年12月1日生效	仅涵盖货物贸易
东盟—韩国FTA	2010年1月1日《货物贸易协议》生效 2009年5月1日《服务贸易协议》生效	涵盖货物贸易和服务贸易
东盟—印度FTA	2010年1月1日生效	仅涵盖货物贸易
东盟—澳大利亚—新西兰FTA	2010年1月1日生效	涵盖货物贸易和服务贸易

资料来源：笔者根据WTO网站最新资料整理得出。

3. “10+3”框架

包括东盟十国和中日韩三国在内的“10+3”框架，源于1996年各国为准备第一次亚欧会议（Asia - Europe Meeting 即 ASEM）而举行的首次会谈。1997年，为应对亚洲金融危机，“10+3”首脑会议机制正式制度化。其后，在“10+3”经济部长会议的指示下，东亚自由贸易区（EAFTA）可行性研究专家组于2004年成立。2004—2009年，中国和韩国分别牵头组织了第一期和第二期的研究，这两期研究提交给“10+3”经济部长会议和领导人会议的专家报告都认为，未来东亚应以“10+3”为基础，通过整合东盟—中国、东盟—日本、东盟—韩国3个“10+1”来建立东亚自由贸易区。在第二期研究报告中，专家还建议先成立两个专家组，以整合有关的“原产地规定”和“便利通关”规则，为东亚自由贸易区做好前期准备。然而，在“10+3”基础上建立自贸区的建议遭到了日本的反对，故东亚自由贸易区迄今未能取得实质性进展。

尽管东亚自由贸易区建设暂时受阻，但从2008年开始，“10+3”框架内的中日韩三国领导人会晤却发展成了单列的峰会，并且已先后于日本、中国、韩国召开了会议。中日韩三国脱开“10+3”而单独召开年度峰会的情况，使长期空白的东亚区域经济合作有了一抹亮色，也为“10+3”未来的走向增加了变数。

4. “10+6”（东亚峰会）

1998年，由东亚13个国家著名专家组成的“东亚展望小组”（East Asian Vision Group）成立，该小组的任务是“研究将东亚培育成一个单一合作共同体的具体路径”。[①] 2001年，东亚展望小组向“10+3”首脑会议提交报告建议，今后应将该首脑会议逐渐演变为“东亚峰会”。[②] 2002年的“10+3”首脑会议同意“在长期内”探索这一路径，并最终建立东亚自由贸易区。而事实上，第一次东亚峰会很快就于2005年12月14日召开，并且参加东亚峰会的国家也从“10+3”变成了“10+6”，即除了东盟10国和中日韩3国以外，还有印度、澳大利亚、新西兰。

东盟首脑会议的官方文件显示，“10+6”东亚峰会与“10+3”首脑会议是两个平行机制，正如2005年东盟首脑会议的主席声明所言，“东亚峰会和‘东盟加三’进程应当平行前进，没有交叉重叠，应当与其他的地区进程相互补充”[③]。但究竟如何具体协调“10+6”和“10+3”，东盟迄今没有任何明确指向。倒是日本主张以“10+6”（东亚峰会）为基础签署东亚紧密经济伙伴协定（EPA），进而建立东亚自由贸易区，并且也推动成立了这一方案的可行性研究专家组，进行了两期研究，还提

---

① Rodolfo C. Severino, *Southeast Asian In Search of an ASEAN Community* : Singapore: Institute of Southeast Asian Studies, 2006, pp267.

② Rodolfo C. Severino, *Southeast Asian In Search of an ASEAN Community* : Singapore: Institute of Southeast Asian Studies, 2006, pp268.

③ 参见东盟秘书处网站：http：//www. aseansec. org.

交了两份研究报告。未来东亚自由贸易区建设最终会选择“10+6”还是“10+3”路径，目前还尚未可知。不过，从东盟制定的东亚峰会参加国标准来看，东亚峰会很可能还会在现有的“10+6”基础上进一步扩大。

5. APEC

1989年成立的亚太经济合作组织（APEC）是亚太地区较早的一个区域经济合作平台。APEC历经20多年发展，在“贸易投资自由化、便利化”和“经济技术合作”两个领域取得了不少成果。如今，随着单边行动计划的履行，APEC大部分成员已基本取消了非关税措施，一些尚未完全取消非关税措施的成员，也相应提高了透明度。投资自由化方面，大部分成员在资本转移、业绩要求等方面已取消限制，投资政策的透明度普遍得到提高，多数成员之间相互签署了双边投资促进和保护协议。截至2010年，21个APEC成员中，已有18个完全加入了APEC商务旅行卡计划（ABTC），这意味着持卡商务人员能在18个参与经济体范围内享受免签证入境优惠，同时使用各机场的“APEC专用通道”（APEC Lane）。

然而，APEC今后的发展仍面临严峻考验：一方面，原定于2010年实现“茂物目标”第一阶段任务（即发达成员实现贸易投资自由化）的计划实际落空，APEC能否继续坚持“灵活、开放、渐进”特点而同时保证区域经济一体化措施的有效推进，能否促成“茂物目标”最低限度的实现（即2020年所有成员实现贸易投资自由化），都还是问题。另一方面，近年来APEC成员在整体推动区域经济一体化的同时，还通过在APEC内外签署双边和区域的自由贸易协定加快贸易投资自由化进度。据统计，截至2010年5月，APEC成员总计已签署区域贸易协定175个①，

---

① 数据来源：WTO网站“RTA Database”.

这些区域贸易协定难免对APEC的总体目标产生竞争，特别是2008年以来“跨太平洋伙伴关系协定”（Trans - Pacific Partnership Agreement，TPP）的加速发展，更是对APEC提出了挑战。

随着APEC内部成员FTAs/RTAs的不断增多，相互叠加现象严重，亟须整合，这推动着APEC逐步向自由贸易区方向发展。在这种背景下，APEC工商咨询理事会（APEC Business Advisory Council，ABAC）于2004年5月提出建立亚太自由贸易区（Free Trade Area of the Asia - Pacific，FTAAP）构想。由于APEC各成员国对此态度不一，FTAAP长期无实质性进展。2014年11月，北京APEC峰会再次将FTAAP提上日程。会议决定启动并全面、系统地推进FTAAP进程，并通过《亚太经合组织推动实现亚太自贸区北京路线图》，就FTAAP的原则达成一致。

6.“跨太平洋伙伴关系协定”（TPP）

“跨太平洋伙伴关系协定”（TPP）最初名为“跨太平洋战略经济伙伴关系协定”（Trans - Pacific Strategic Economic Partnership Agreement，TPSEP），是一个多边FTA，由文莱、智利、新西兰、新加坡4国于2005年签署，也称“P4”。TPP要求各成员在十年内（即到2015年）削减全部产品的关税，不允许有例外，内容涵盖贸易、投资、金融、科技等多个领域的合作，以及知识产权、贸易争端解决等，并且只要成员同意，还可进一步拓宽领域。

2009年，美国宣布加入TPSEP，并将其改名为TPP。同年，澳大利亚、秘鲁也加入进来。2010年3月，TPP成员国举行首轮谈判。同年，马来西亚和越南加入谈判。2012年，加拿大、墨西哥加入谈判。2013年，日本加入谈判，TPP成员增至12个国家（文莱、智利、新西兰、新加坡、美国、澳大利亚、秘鲁、越南、马来西亚、墨西哥、加拿大、日本)。

TPP 预计于 2015 年中完成全部谈判并达成最终协定。据悉，截至 2015 年 2 月，TPP 各成员已经完成了法规一致性、中小企业、合作与能力建设、竞争力与便利化、电信及商务人员准入等章节的谈判。如果 TPP 各成员国真能按时达成该协议，那么亚太区域经济合作局面将由此改变。

更值得关注的是，泰国、韩国等也对加入 TPP 谈判表示出兴趣。这些经济体当中，韩国是在美韩 FTA 之后就接到了美国对其发出的加入 TPP 谈判的正式邀请，对此，韩国表示愿意考虑，并责成由政府出资的韩国国际经济政策研究所进行初步研究，以分析加入 TPP 可能对韩国经济带来的影响。

亚洲开发银行（ADB）的专家认为，未来 TPP 将与“10 + 3”或“10 + 6”形成竞争。从全球经济重心东移角度看，“10 + 3”或“10 + 6”更具吸引力；但从地缘安全角度看，东亚各国似乎又会倾向于 TPP，因为通过 TPP 可以加强同美国的联系。①

7. “区域全面经济伙伴关系协定”（RCEP）

“区域全面经济伙伴关系协定”（Regional Comprehensive Economic Partnership，RCEP）于 2011 年由东盟提出，目标是在东盟现有的五个“10 + 1” FTA（即东盟分别与中国、日本、韩国、印度、澳大利亚和新西兰签署的自由贸易协定）基础上，构建一个涵盖 16 国的全面、高质量、互惠的区域自由贸易协定。2012 年 8 月底，东盟与中日韩三国经济部长会议针对 RCEP 协议谈判达成实质性共识，并通过

---

① Masahiro Kawai, ADB Institute, Tokyo, and Ganeshan Wignaraja, ADB, Manila: *A closer look at East Asia's free trade agreements*, http://www.eastasiaforum.org, Feb 1st, 2011.

《RCEP 谈判指导原则与目标》。同年 11 月，在东亚峰会上，东盟 10 国与中、日、韩、印、澳、新等 16 国领导人正式宣布启动 RCEP。2013 年 5 月，RCEP 首轮谈判在文莱举行，成为东盟主导下的东亚区域经济合作又一个新平台。RCEP 拟于 2015 年年底结束谈判，达成协定。

综合上述，亚太区域经济合作目前呈现一种“多框架并存、竞争性合作”的特点，其多样性、复杂性和不确定性都很突出。应当看到，包括 FTA 在内的各种区域贸易协定不仅会带来显著的经济效益，还会带来一系列非经济效应。例如，欧盟“东扩”计划的加快实施，其目的除了带动经济之外，还希望通过成员国不断增加和自身职能范围的逐渐扩大，增强欧盟作为重要“一极”在世界政治经济多极化格局中的地位，从而改变其“政治矮人”的形象。美国在全球范围内加快组建以美国为中心的放射性双边自贸区网络，其目的也是进一步增强其在全球范围内的政治影响。中国、日本、韩国甚至包括印度在与东盟进行“10 +1”谈判过程中的相互较力，其实质除了经济利益的争夺，也有部分动力是为了加强各自对亚洲事务的影响。上述例子都充分说明，通过签署区域自由贸易协定可以对双边的政治经济关系乃至整个世界的政治经济格局产生不容忽视的影响。

在此背景下，中国所在的亚洲各主要经济体，都先后签署并实施了不少区域贸易协定（见表2.2）。其中，日本、新加坡及印度所签署并已生效的区域贸易协定均达到了 10 个以上。

因此，从地区角度来讲，中国提出并实施自由贸易区战略，是在积极参与亚太地区合作，与周边国家共同推进亚太区域经济一体化进程，促进地区发展。

表 2.2 亚洲已生效区域贸易协定（RTA）列表

（中国部分除外，截至 2015 年 1 月）

RTA 名称	涵盖范围	类型	生效时间
东盟	货物贸易	FTA	1992 - 1 - 28
东盟—日本	货物贸易	FTA	2008 - 12 - 1
东盟—中国	货物贸易/服务贸易	PSA&EIA	2005 - 9 - 12（G） 2008 - 6 - 26（S）
东盟—韩国	货物贸易/服务贸易	FTA&EIA	2010 - 1 - 1（G） 2009 - 5 - 1（S）
东盟—印度	货物贸易	FTA	2010 - 1 - 1
东盟—澳大利亚—新西兰	货物贸易/服务贸易	FTA&EIA	2010 - 1 - 1
日本—智利	货物贸易/服务贸易	FTA&EIA	2007 - 9 - 3
日本—文莱	货物贸易/服务贸易	FTA&EIA	2008 - 7 - 31
日本—印度尼西亚	货物贸易/服务贸易	FTA&EIA	2008 - 7 - 1
日本—马来西亚	货物贸易/服务贸易	FTA&EIA	2006 - 7 - 13
日本—墨西哥	货物贸易/服务贸易	FTA&EIA	2005 - 4 - 1
日本—菲律宾	货物贸易/服务贸易	FTA&EIA	2008 - 12 - 11
日本—新加坡	货物贸易/服务贸易	FTA&EIA	2002 - 11 - 30
日本—瑞士	货物贸易/服务贸易	FTA&EIA	2009 - 9 - 1
日本—泰国	货物贸易/服务贸易	FTA&EIA	2007 - 11 - 1
日本—越南	货物贸易/服务贸易	FTA&EIA	2009 - 10 - 1
日本—东盟	货物贸易	FTA	2008 - 12 - 1
日本—秘鲁	货物贸易/服务贸易	FTA&EIA	2012 - 3 - 1
日本—澳大利亚	货物贸易/服务贸易	FTA&EIA	2015 - 1 - 15
韩国—智利	货物贸易/服务贸易	FTA&EIA	2004 - 4 - 1
韩国—新加坡	货物贸易/服务贸易	FTA&EIA	2006 - 3 - 2
韩国—印度	货物贸易/服务贸易	FTA&EIA	2010 - 1 - 1
韩国—欧洲自由贸易联盟	货物贸易/服务贸易	FTA&EIA	2006 - 9 - 1
韩国—欧盟	货物贸易/服务贸易	FTA&EIA	2011 - 7 - 1
韩国—美国	货物贸易/服务贸易	FTA&EIA	2012 - 3 - 15
韩国—土耳其	货物贸易	FTA	2013 - 5 - 1

续 表

RTA 名称	涵盖范围	类型	生效时间
韩国—加拿大	货物贸易/服务贸易	FTA&EIA	2015－1－1
韩国—澳大利亚	货物贸易/服务贸易	FTA&EIA	2014－12－12
新加坡—欧洲自由贸易联盟	货物贸易/服务贸易	FTA&EIA	2003－1－1
新加坡—美国	货物贸易/服务贸易	FTA&EIA	2004－1－1
新加坡—约旦	货物贸易/服务贸易	FTA&EIA	2005－8－22
新加坡—新西兰	货物贸易/服务贸易	FTA&EIA	2001－1－1
新加坡—秘鲁	货物贸易/服务贸易	FTA&EIA	2009－8－1
新加坡—澳大利亚	货物贸易/服务贸易	FTA&EIA	2003－7－28
新加坡—巴拿马	货物贸易/服务贸易	FTA&EIA	2006－7－24
新加坡—中国	货物贸易/服务贸易	FTA&EIA	2009－1－1
新加坡—日本	货物贸易/服务贸易	FTA&EIA	2002－11－30
新加坡—韩国	货物贸易/服务贸易	FTA&EIA	2006－3－2
新加坡—印度	货物贸易/服务贸易	FTA&EIA	2005－8－1
新加坡—哥斯达黎加	货物贸易/服务贸易	FTA&EIA	2013－7－1
新加坡—中国台湾	货物贸易/服务贸易	FTA&EIA	2014－4－19
泰国—澳大利亚	货物贸易/服务贸易	FTA&EIA	2005－1－1
泰国—新西兰	货物贸易/服务贸易	FTA&EIA	2005－7－1
泰国—老挝	货物贸易	PSA	1991－6－20
泰国—日本	货物贸易/服务贸易	FTA&EIA	2007－11－1
印度—智利	货物贸易	PTA	2007－8－17
印度—阿富汗	货物贸易	PTA	2003－5－13
印度—不丹	货物贸易	PTA	2006－7－29
印度—新加坡	货物贸易/服务贸易	FTA&EIA	2005－8－1
印度—斯里兰卡	货物贸易	FTA	2001－12－15
印度—日本	货物贸易/服务贸易	FTA&EIA	2011－8－1
印度—韩国	货物贸易/服务贸易	FTA&EIA	2010－1－1
印度—马来西亚	货物贸易	PSA	2011－7－1
印度—尼泊尔	货物贸易	PSA	2009－10－27

续 表

RTA名称	涵盖范围	类型	生效时间
印度—东盟	货物贸易	FTA	2010-1-1
巴基斯坦—马来西亚	货物贸易/服务贸易	FTA&EIA	2008-1-1
巴基斯坦—斯里兰卡	货物贸易	FTA	2005-6-12
巴基斯坦—中国	货物贸易/服务贸易	FTA&EIA	2007-7-01（G） 2009-10-10（S）

资料来源：笔者根据WTO网站（http：//www.wto.org）资料整理得出。

第二节　中国自由贸易区战略提出的国内背景

一、中国新一轮高水平对外开放需要推进自贸区建设

中国经济经过三十多年的改革开放，取得了飞跃式的发展。目前，中国是全球第二大经济体，货物贸易第一大出口国和进口国，服务贸易第四大出口国和第三大进口国，第二大吸收外资国，第一大外汇储备国。但与此同时，中国经济发展也遇到了新的阻力和瓶颈，包括：需要转变经济发展方式，改革不合理的收入分配制度，改变陈旧落后的管理体制，打破不合理的既得利益和利益集团等。要消除这些阻力和障碍，使中国经济更上一层楼，出路只有一条——全面深化改革、扩大对外开放。

中国自由贸易区建设起步较晚但发展迅速，并取得了一定成就。自由贸易区是成员国在遵守WTO承诺的基础上，相互逐步取消大多数产品关税和非关税壁垒，开放货物贸易、服务贸易和投资市场，最终实现贸易投资自由化。自由贸易区有利于减少区域内的贸易投资壁垒，推动全球贸易、投资自由化进程。这恰恰与中国全面深化改革和扩大对外开放的目标相吻合，中国将实施自由贸易区作为一个国家战略提出来，是我

国在新时期拓展对外开放广度和深度、提高开放型经济水平的现实需要，充分体现了中国积极融入世界经济、主动适应国际规则、坚持互利共赢的开放理念。

二、自贸区谈判是我国在区域范围内解决贸易争端的一个新渠道

中国通过 WTO 这一平台成功融入到经济全球化浪潮中，货物贸易进出口总额由 2001 年的 5096.5 亿美元增长到 2014 年的 43033.3 亿美元。[①] 随着对外贸易的飞速发展，中国遭受的贸易摩擦也日益加剧。以欧盟为例，2001 年，欧盟对华反倾销案件仅占其反倾销案件总数的 3%，2002 年就递增到 17.3%，2003—2006 年持续保持 30% 以上，2007 年高达 66.6%。[②] 2013 年，全球 19 个国家（地区）对中国发起贸易救济调查案件 89 起，涉案金额 36.19 亿美元。[③] 中国遭遇贸易摩擦的行业从轻工、纺织、钢铁等传统劳动密集型产业，逐步向机电、设备等资本密集型产业发展，由货物贸易向金融、零售等现代服务业扩散，从单一产品或单一企业的微观经济层面扩展到宏观经济层面。遭受贸易摩擦的主要形式是反倾销、反补贴、保障措施、特别保障措施的使用频率增加。贸易摩擦的发起国由欧美发达国家向发展中国家扩散，贸易摩擦涉案金额水涨船高，程度日益严重，个别案件甚至威胁到整个行业的生存和发展。

在这种情况下，开展区域经济合作、与贸易伙伴建立自由贸易区，是入世后的中国多渠道减少贸易摩擦、深化并扩大对外开放的一

---

① 数据来源：海关信息网 http：//www.haiguan.info/NewData/DataCondition.aspx y =2014.

② 数据来源：欧盟委员会向欧洲议会提交的反倾销和反补贴活动年度报告。

③ 数据来源：中国商务部官网 http：//www.mofcom.gov.cn/article/hyxx/jidian/201403/20140300532263.shtml.

个重要举措。中国实施 FTA 战略，将通过地区范围内的贸易自由化，有效解决贸易争端问题，并以新的方式和途径在区域内实现市场的相互开放。

三、实施自贸区战略有助于我国争取经济一体化主动权

20 世纪 90 年代以来，伴随着经济全球化的浪潮，以缔结双边自贸区为标志的区域经济合作呈现出强劲的发展势头。许多国家和地区认识到，双边自贸区成员可以享受到比 WTO 一般成员更为显著的贸易优惠，因此，如果不加快双边自贸区的实践进程，那么作为 WTO 成员所获得的平等贸易待遇就很有可能随着其他国家双边自贸区的蓬勃发展而面临威胁。不仅如此，双边自贸区发展较为滞后的国家也很容易在“中心 - 辐条”效应中逐渐被边缘化，沦为辐条国，从而进一步减弱其在本地区经济一体化过程中的作用。

近年来，美国加紧实施重返亚洲战略，《跨太平洋伙伴关系协定》（TPP）也成为其主导亚洲经济合作的重要筹码。因此，中国当前的自由贸易区战略也是为了迎合区域经济一体化发展的潮流，为自身在今后更大的区域合作中发挥作用创造条件。在加入 WTO 以后，中国迅速调整自己的贸易战略，积极对外商谈双边自由贸易协定。虽然与其他国家和地区相比，中国起步较晚，但近年来不断加快的发展速度表明中国不希望在将来的国际贸易格局中被边缘化，而是积极争取在新一轮的区域合作进程中掌握主动权，跻身规则制定者的行列，同时也为中国与世界各国，特别是亚洲各国开展经济合作奠定更为坚实的基础。①

---

① 陈俊．中国发展双边 FTA 的动因和战略研究［D］．南京：南京师范大学硕士学位论文，2007.

四、实施自贸区战略有助于我国构建发展所需的良好国际环境

区域内部经济联系的加强将促进政治关系的稳定，欧盟、东盟的经验都证明了这一点。所以，中国签署自贸区可以一定程度上保证与周边各国政治关系的稳定，巩固中国和平发展战略的地缘政治基础。此外，自贸区实践还将促进中国“市场经济国家”地位在更广泛的领域得到承认。东盟各国、新西兰以及智利承认中国的“市场经济国家”地位就是一个明显例子，而澳大利亚与中国开展自由贸易谈判的前提条件，也是澳方必须首先承认中国的“市场经济国家”地位。

中国目前正处于经济发展的战略机遇期，需要一个稳定的周边环境，通过与周边国家和地区达成具有较强约束力的自由贸易协定可以有效推动双边、区域关系的向前发展，确保有利于经济持续发展的良好周边环境。

1987 年 10 月，党的十三大提出中国经济建设分三步走的总体战略部署：第一步目标，从 1981 年到 1990 年实现国民生产总值比 1980 年翻一番，解决人民的温饱问题；第二步目标，从 1991 年到 20 世纪末，使国民生产总值再翻一番，人民生活达到小康水平；第三步目标，到 21 世纪中叶人民生活比较富裕，国民生产总值再翻两番，达到中等发达国家水平，基本实现现代化。1997 年，我国提前实现了第一步和第二步战略目标。

目前，中国正处于努力实现现代化建设第三步目标的时期，更加需要有良好的国际环境。良好的国际环境包括：处理好与周边国家的关系，创造良好的周边环境；处理好与其他大国之间的关系，构筑新型大国关系，等等。中国是一个负责任的大国，需要树立良好的国际形象，赢得国际社会的广泛信任和认可。

实施自由贸易区战略有利于我国构建现代化建设所需要的良好国际环境。首先，与周边国家签署自由贸易协定，建立自由贸易区，通过经

贸纽带，加强与周边的关系，让这些国家从中国经济快速发展中获得“红利”，有利于加强我国与周边国家的睦邻友好关系，为中国现代化建设创建良好的周边环境。其次，中国与他国商谈建立自由贸易区，加强彼此间的经贸往来，有助于共同探讨经贸规则，在焦点问题上取得共识，推动贸易投资便利化，为产业发展开拓国际市场，构筑良好的国际环境。

五、自贸区谈判有利于保障我国能源资源供应

能源资源的互补是当前中国选择双边自贸区伙伴国家的重要考虑因素。中国的工业化正处于能源资源消费的高峰期。近年来，煤、电、油等资源瓶颈制约越发严重，原材料供应十分紧张，资源约束的矛盾直接导致了石油、铁矿石、铜、氧化铝等主要矿产品进口的大幅增长，从而使中国对国际资源依赖程度迅速提高。作为发展中国家，中国所拥有的资本（包括人力资本）、技术等要素规模相对有限，因此，出于对经济安全的考虑，与要素禀赋充裕的国家和地区加强双边合作，可以确保比较稳定的海外能源资源供给。从中国已经签署和正在谈判自由贸易区的30多个国家和地区来看，有相当一部分属于重要的能源资源生产国，这也反映了中国建立自贸区的能源资源供应安全导向。能源资源的互补成为中国选择自贸区伙伴国家的重要考虑因素。

在巨大的人口压力下，中国耕地、林木、水等资源以及石油等能源都相对稀缺，作为发展中国家，资本（包括人力资本）、技术等要素规模也相对有限，这些已经日益成为中国经济发展的瓶颈。当前，与中国建立或尝试签署自贸区的国家都有自己占优势的要素资源，如东盟的林业资源，新西兰的技术、资本、畜牧和林业资源，澳大利亚的技术、资本、铁矿和农业资源，智利的铜矿等。这一特征实际上反映出中国自贸区实践的一大目标，即利用国外资源缓解国内经济发展过程中面临的资源

制约。

中国正在谈判的中国—海合会自贸区也将深化双方在能源领域的合作，“以市场换资源”，保障中国稳定充足的能源供应。中国的原油进口地缘优势远不如美国，未来海合会及周边中东国家对于中国能源安全的重要性将持续上升。作为近邻的日本，油气资源严重短缺，因而与中国在海合会/中东地区的能源竞争在所难免。与海合会经济合作的全面提升可有效保障中国在中东地区的政治经济利益，提高中国在该地区的话语权。美国已明显降低对中东地区的原油进口依赖，但并未减少对该地区的兴趣和操控，相反，经济依赖的减少只会使其政治操控更加自如。近年来，南海波澜不断，大国加紧了对亚洲地区的渗透。中国—海合会自贸区的建立可与东盟自贸区相配合，成为中国巩固和拓展国际经济、政治活动空间的东西羽翼。以沙特为龙头的海合会国家不仅是阿拉伯、中东地区最为活跃的经济力量，在地区政治事务中也发挥着重要作用，沙特在伊斯兰世界还有着特殊的地位。与海合会政治经济关系的紧密和提升将有助于扩大中国在中东及整个伊斯兰世界的影响力，对改善中国大周边环境，打击“三股势力”和维护西部边陲稳定发挥至关重要的作用。

六、实施自贸区战略可使中国与 FTA 伙伴共同提升话语权

自贸区的建立，可以提高整个一体化组织的国际经济地位。由于各成员国之间的利益关系更加紧密，区域一体化使得成员国的福利水平得到提高，因此，增强了集团在国际上的竞争力。同时，由于利益关系的存在，各成员国之间会更加团结、联合对外。一个国家对外签订自贸协议的能力相当于一个经济体共同对外的谈判能力。因而，中国的自贸区战略有助于提高中国和 FTA 伙伴在国际舞台上的对外谈判力量，共同提升话语权，实现单个国家无法争取到的经济利益。就中国而言，具体包括以下几方面：

第一，签署自贸区将有助于中国与各国在多边谈判中协调立场，形成整合力量，进而扩大对多边谈判进程的影响。

第二，作为世贸组织成员，通过与自贸区伙伴国的合作，可以避免在谈判中独自承担压力。

第三，双边谈判将有助于中国更加主动地发表自己的意见，让世界更加了解中国。

七、我国实施自贸区战略有助于巩固地区安全

进入21世纪以来，世界战略格局发生了深刻变化，霸权主义有了新的表现，因此，要确保中国的地区政治安全，营造一个和平稳定的周边环境和相对稳定的国际安全环境就变得相当重要。中国所处的亚洲是一个国家数量众多、历史背景复杂、国家关系纵横交错、十分微妙又充满危险的地区。西方大国对于亚洲地区事物的干扰以及对当地利益点的争夺又使得当前的环境更加错综复杂。中国区域经济合作的对象多数都是周边国家和地区（如东南亚的东盟、南亚的巴基斯坦等）。这充分体现出中国开展区域经济合作实际上是秉承了“大国是关键，周边是重点，发展中国家是基础”的基本外交原则。首先发展与周边国家和地区的区域经济合作，并以此为基础，逐渐建立中国的区域经济合作网，这是中国自由贸易区战略的核心。

以中国—东盟自由贸易区为例，在2010年正式建立自贸区以前，东盟和中国的关系依然还是在联合与制衡中前进。东盟由十个小国组成，在“二战”以及之后的亚洲金融危机中备受西方国家的打压，因此对于大国的崛起，还具有一定的防范心理。在建立自贸区的过程中，中国与东盟国家还同时签订了《东南亚友好条约》和《南海行为准则》两个协议，主要目的是表明中国并没有“称霸”东南亚的野心，这是消除“中国威胁论”的一个措施，东盟国家也通过这两份协约明确其在经济先行

的准则下会保证东南亚地区政治上的安全性。中国—东盟自由贸易区的建立对当时的政治相关问题起到了缓冲作用，具有巩固周边安全局势的意义。中国—东盟自由贸易区建立以来，在整个缔约和运行的过程中，良好的主流合作关系已经大大弱化了政治上的严重分歧，排除背后西方大国的操纵、进行和平发展是发展中国家面临的最紧迫问题。出于对这一点的共识，中国与东盟国家关于部分领土争端的问题暂时搁置在了一边，将经济政治合作放在当前考虑的重中之重。这一举措使双方国家安全系数大增，同时降低了来自于国际社会的危险。双方的合作，还可以将不利条件进行整合互补，逐渐减少对于发达国家的依赖程度，不再因经济原因过分让渡政治利益，使这一区域的政治安全性确保在一定的保险系数之上。

八、实施自贸区战略能够起到信号传递作用

任何国家明确加入区域性贸易协定这个事实本身，就是向其他成员国或外界发出了信号，使外界看到该国的承诺，也明确显示了该国或该区域组织的新动向。这个信号可能是立场信号（本国主张贸易投资自由化抑或主张保守），其次是经济状况的信号，最后，区域经济协定还可以发出关于政府间关系的信号。中国自贸区战略的一个重要作用就是向国际社会发出“睦邻友好、开放合作、互利共赢”的开放理念和态度信号，展现出一个负责任大国的形象。

第三章　中国自由贸易区战略的实施情况①

2001年之前，中国由于集中精力进行“入世”谈判，因而FTA起步较晚。新世纪以来，在全球多边贸易谈判步履维艰以及大国FTA战略的助推下，中国在积极参与和维护全球多边贸易体制的同时，也加快了区域经济合作步伐。“入世”至今的十多年间，中国FTA从无到有，由远及近，初步构建起东西呼应、遍布全球的格局，成为我国开展区域经济合作的重要形式。

截至2015年3月，中国在建的自由贸易区为20个，涉及32个国家和地区（见表3.1）。其中，已经签署并实施的自由贸易协定共有12个，包括：中国—东盟、中国—新加坡、中国—巴基斯坦、中国—新西兰、中国—智利、中国—秘鲁、中国—哥斯达黎加、中国—冰岛、中国—瑞士自由贸易协定，内地与香港、澳门分别签署的更紧密经贸关系安排（Closer Economic Partnership Arrangement，简称CEPA），以及大陆与台湾签署的海峡两岸经济合作框架协议（Economic Cooperation Framework Agreement，简称ECFA）②。正在谈判的自贸协

① 本章的部分资料来自中国自由贸易区服务网（http：//fta. mofcom. gov. cn）。

② ECFA比较特殊，虽然框架协议已经签署，但后续的单项协议尚未全部完成，故我国截至2015年3月的全部在建自贸区总数为20个。

定有9个，包括中国与海湾合作委员会、中国—澳大利亚、中国—挪威、中国—斯里兰卡、中国—韩国①、中日韩自贸协定、《区域全面经济合作伙伴关系协定》（RCEP）、中国—东盟自贸协定升级谈判、中国—巴基斯坦自贸协定第二阶段谈判。此外，中国已经完成了与印度的区域贸易安排联合研究，正在与哥伦比亚等开展自由贸易区可行性研究。

中国还加入了《亚太贸易协定》，其前身为《曼谷协定》，签订于1975年，是在联合国亚太经济社会委员会（简称亚太经社会）主持下，在发展中国家之间达成的一项优惠贸易安排，现有成员国为中国、孟加拉、印度、老挝、韩国和斯里兰卡。2005年11月2日，《曼谷协定》第一届部长级理事会决定将《曼谷协定》更名为《亚太贸易协定》。截至2014年7月，各方已在该协定下进行了4轮关税减让谈判。

表3.1　　　　中国FTA进展情况

已签署协定并实施的FTA	正在谈判的FTA	正在研究或研究完毕的FTA
中国—东盟 中国—新加坡 中国—巴基斯坦 中国—新西兰 中国—智利 中国—秘鲁 中国—哥斯达黎加 中国—冰岛 中国—瑞士 内地—香港CEPA 内地—澳门CEPA 大陆—台湾ECFA	中国—海湾合作委员会 中国—澳大利亚 中国—挪威 中国—斯里兰卡 中国—韩国（2015年6月1日签署） 中日韩自贸区 《区域全面经济合作伙伴关系协定》（RCEP） 中国—东盟自贸区升级版谈判 中国—巴基斯坦自贸协定第二阶段谈判	中国—印度（研究完毕） 中国—哥伦比亚（正在研究） 中国—马尔代夫（正在研究）

资料来源：依据中国自由贸易区服务网资料整理得出。

① 中韩FTA已于2015年6月1日正式签署，但截至本书付梓，尚未生效。

第一节　中国已经签署协定的自由贸易区

一、内地与香港、澳门更紧密经贸关系安排（CEPA）

内地与香港、澳门密切的经贸往来是内地与香港、澳门更紧密经贸关系安排签订的基础。2014 年，内地与香港贸易额为 3760.9 亿美元，占内地对外贸易总额的 8.7%。其中，内地对香港出口为 3631.9 亿美元，自香港进口为 129 亿美元。香港是内地第四大贸易伙伴和第三大出口市场。[①] 2014 年 1—12 月，内地与澳门贸易额为 38.2 亿美元。其中，内地对澳门出口为 36.1 亿美元，自澳门进口为 2.1 亿美元。[②]

2003 年，内地与香港、澳门特区政府分别签署了内地与香港、澳门《关于建立更紧密经贸关系的安排》（Closer Economic Partnership Arrangement，CEPA）。2004 年至 2013 年十年间，又分别签署了内地—香港 CEPA《补充协议》及《补充协议二》至《补充协议十》。2005 年至 2013 年九年间，又分别签署了内地—澳门 CEPA《补充协议》及《补充协议二》至《补充协议十》。

CEPA 建立的目标：逐步减少或取消双方之间实质上所有货物贸易的关税和非关税壁垒；逐步实现服务贸易的自由化，减少或取消双方之间实质上所有歧视性措施；促进贸易投资便利化。

---

① 数据来源：中国商务部官网 http：//www.mofcom.gov.cn/article/tongjiziliao/fuwzn/diaoca/201501/20150100875391.shtml.

② 数据来源：中国商务部官网 http：//www.mofcom.gov.cn/article/tongjiziliao/fuwzn/diaoca/201501/20150100884077.shtml.

CEPA的性质：它是两个单独关税区即WTO的两个独立成员之间签署的一项国际经济协议，受国际经济法制约；具有自由贸易协议性质，是中国内地与香港、澳门签署的区域经济一体化制度安排；它是一个主权国家内不同单独关税区之间的协议，有别于不同国家间签署的协议。

CEPA的特点：标准高、内容丰富、覆盖面广；既符合WTO规则，又符合“一国两制”方针，符合内地和港澳的实际情况；开放幅度大，与时俱进，签署了多个补充协议。

CEPA的意义：CEPA是“一国两制”的成功实践，开辟了内地与港澳制度性合作的新途径；是内地第一个全面实施的自由贸易协定，有利于港澳经济发展，有利于中国实现长远经济利益；有助于东亚地区的经济合作，提高该地区的国际竞争力。

内地—香港CEPA的基本内容：CEPA有1个正文和6个附件。正文主要涉及货物贸易自由化、服务贸易自由化和贸易投资便利化。6个附件涉及正文3个方面的具体规定，比如关于货物贸易的原产地规则、零关税清单，关于开放服务贸易的具体承诺等。货物贸易自由化内容主要包括：关税减让，取消关税壁垒，不适用对WTO承诺，制定原产地规则。服务贸易自由化是CEPA最主要的部分，主要内容包括：扩大市场准入，降低市场准入门槛，规定服务提供者资质标准。贸易投资便利化内容包括：政府间的协调、配合与合作机制，不同领域的项目合作。其他条款主要有：例外条款，机构安排，CEPA与其他协议的关系，CEPA的修正与生效。补充协议：《补充协议》《补充协议二》《补充协议三》《补充协议四》《补充协议五》《补充协议六》《补充协议七》《补充协议八》《补充协议九》《补充协议十》。

内地—澳门 CEPA 有 1 个正文和 5 个附件。正文主要涉及货物贸易自由化、服务贸易自由化。5 个附件涉及正文两个方面的具体规定，比如原产地规则、零关税清单、关于开放服务贸易的具体承诺等。货物贸易自由化最主要的内容包括：关税减让，制定原产地规则。服务贸易自由化内容主要包括：扩大市场准入，降低市场准入门槛，规定服务提供者资质标准。其他条款主要有：对附件的补充和修正。补充协议：《补充协议》《补充协议二》《补充协议三》《补充协议四》《补充协议五》《补充协议六》《补充协议七》《补充协议八》《补充协议九》《补充协议十》。

二、中国—东盟自由贸易区（China – ASEAN FTA，即 CAFTA）

中国与东盟双边贸易自 2002 年开始以来一直呈现稳步增长的趋势（见表 3.2），于 2004 年突破 1 千亿美元，2007 年突破 2 千亿美元，2011 年突破 3 千亿美元，2012 年突破 4 千亿美元。自 2003 年，双边贸易占中国对外贸易总额稳定在约 10%（见表 3.2）。目前，中国已成为东盟最大的贸易伙伴和第一大出口目的地，东盟则是中国第三大贸易伙伴和第三大进口来源地。

表 3.2　　2002—2014 年中国—东盟双边贸易情况

（单位：亿美元）

贸易额及占比 / 年度	双边贸易额	中国对外贸易额	占比
2002	547.7	6207.7	8.82%
2003	782.6	8509.9	9.20%
2004	1058.8	11545.5	9.17%

续 表

贸易额及占比 年度	双边贸易额	中国对外贸易额	占比
2005	1303.7	14219.1	9.17%
2006	1608.4	17604.4	9.14%
2007	2025.3	21765.7	9.31%
2008	2313.2	25632.6	9.02%
2009	2130.1	22075.4	9.65%
2010	2928.6	29740.0	9.85%
2011	3630.9	36418.6	9.97%
2012	4000.9	38671.1	10.34%
2013	4436.0	41590.0	10.67%
2014	4903.9	43030.3	11.40%

数据来源：2012 年之前数据，笔者根据中国统计年鉴（2003—2012 年）整理得出；2012 年数据参见：http：//news.hexun.com/2013 - 01 - 11/150069114.html，2013 年数据参见：http：//www.chinairn.com/news/20140722/171336491.shtml，2014 年数据参见：http：//finance.chinanews.com/cj/2015/01 - 30/7022026.shtml.

中国—东盟自贸区是中国对外建立的第一个自贸区，其成员包括中国和东盟 10 国，涵盖 19 亿人口和 1300 万平方公里。2000 年 11 月，时任中国总理的朱镕基在新加坡举行的第四次中国—东盟领导人会议上，首次提出建立中国—东盟自贸区构想，得到东盟各国领导人的积极响应。2002 年 11 月 4 日，中国与东盟签署《中国—东盟全面经济合作框架协议》，计划于 2010 年建成中国—东盟自贸区，并正式启动了自贸区建设进程。2004 年 1 月 1 日，中国—东盟自贸区早期收获计划实施，下调了农产品关税。2004 年 11 月，中国与东盟签署自贸区《货物贸易协议》，规定于 2005 年 7 月起对除 2004 年已经实施降税的早期收获产品和少量敏感产品外，双方将对其他约 7000 个税目的产品实施降税。双方还签署了《争端解决机制协议》。2007 年 1 月，中国与东盟签署了自贸区《服务贸易协议》。双方在60多个服务部门相互作出了高于世界贸易组织水平的市场开放承诺。2009年8月，中国与东盟签署了《投资协议》。至此，双方完成了自贸区协议的主要谈判。2010年1月1日，中国—东盟自贸区全面启动。该自贸区建设过程分为三个阶段：启动并大幅下调关税阶段（2002—2010年）：自2002年11月双方签署《中国—东盟全面经济合作框架协议》始，至2010年1月1日中国对东盟超过90%的产品实施零关税；全面建成自贸区阶段（2011—2015年）：东盟越南、老挝、柬埔寨、缅甸四国与中国贸易的绝大多数产品亦实现零关税，与此同时，双方实现更广泛深入的开放服务贸易市场和投资市场；自贸区完善巩固阶段（2016年之后）。

中国—东盟自贸区建立的目标：加强和增进各缔约方之间的经济、贸易和投资合作；促进货物和服务贸易，逐步实现货物和服务贸易自由化，并创造透明、自由和便利的投资机制；为各缔约方之间更紧密的经济合作开辟新领域，制定适当的措施；为东盟新成员国更有效地参与经济一体化提供便利，弥合各缔约方发展水平的差距。

中国—东盟自贸区的意义：促进区内贸易、投资增长，加快区域经济一体化进程；区内各国可以实现最优化的资源和劳动要素配置，开拓彼此市场，促进市场多元化，减少对外依赖，增加经济安全；推动整个东亚地区的经济合作和发展。

《中国—东盟自由贸易区框架协议》主要包括：序言、3大部分16项条款和4个附件。内容包括：序言、目标、全面经济合作措施、货物贸易、服务贸易、投资、早期收获、其他经济合作领域、时间框架、最惠国待遇、一般例外、争端解决机制、谈判的机构安排、杂项条款、修正、交存方、生效。4个附件指：各缔约方在第六条（3）（a）（i）“早期收获”计划中的例外产品清单，第六条（3）（a）（iii）“早期收获”

计划中的特定产品，第六条（3）（b）（i）进行关税削减和取消的产品类别及实施时间框架，第六条第五款所列活动。

《中国—东盟货物贸易协议》是规范中国与东盟货物贸易降税安排和处理非关税措施等有关问题的法律文件，共23项条款和3个附件，主要包括关税的削减和取消、减让的修改、数量限制和非关税壁垒、保障措施、加速执行承诺、一般例外、安全例外、机构安排和审议等内容。

《中国—东盟服务贸易协议》是规范中国与东盟服务贸易市场开放和处理与服务贸易相关问题的法律文件，规定双方在中国—东盟自贸区框架内开展服务贸易的权利和义务，同时包括中国与东盟10国开放服务贸易的第一批具体承诺减让表。包括定义和范围、义务和纪律、具体承诺和机构条款4个部分，共33项条款和1个附件（列出了中国与东盟10国的具体承诺减让表）。

《中国—东盟投资协议》共27项条款。通过双方相互给予投资者国民待遇、最惠国待遇和投资公平公正待遇，提高投资相关法律法规的透明度，为双方投资者创造一个自由、便利、透明及公平的投资环境，并为双方的投资者提供充分的法律保护，从而进一步促进双方投资便利化和自由化。

三、中国—巴基斯坦自由贸易区

中巴两国从20世纪50年代初起就建立了经贸关系，经过双方共同努力，两国经贸合作有了长足发展。2013年，双边货物进出口贸易总额为92.78亿美元。巴基斯坦自中国进口66.26亿美元，占双边货物贸易总额的71%；巴基斯坦对中国出口26.52亿美元，占双边贸易总额的29%。[①]

---

① 数据来源：据UN Comtrade整理得出。

2003年11月，中巴两国签署《中国—巴基斯坦优惠贸易安排》。2004年10月，两国启动自贸区联合研究。2005年4月，两国共同宣布启动中巴自由贸易区谈判，并签署《关于自由贸易协定早期收获计划的协议》。2006年11月，两国签署《中国—巴基斯坦自由贸易协定》，该协定于2007年7月1日实施。2008年10月，两国签署《中国—巴基斯坦自贸协定补充议定书》，以促进投资合作。2009年2月21日，中巴两国签署《中国—巴基斯坦自由贸易区服务贸易协定》。

中巴自贸区的意义：为两国共同应对世界金融危机，提升服务业合作水平，促进经济共同发展，深化全天候、全方位友谊奠定更加坚实的基础。

《中国—巴基斯坦自由贸易协定》包含序言、12章83条和3个附件。主要内容有：货物贸易自由化，与投资有关的定义、投资促进与保护、投资待遇、征收、损害补偿和投资争端解决等事项的规定。3个附件指：进口海关关税消除，原产地证书，仲裁小组程序规则。

《中国—巴基斯坦自由贸易区服务贸易协定》共3大部分25条和2个附件，包括定义和范围、义务和纪律、具体承诺。附件有：中方具体承诺表，巴方具体承诺表。

四、中国—智利自由贸易区

中智经贸合作发展顺利。智利是第一个就中国加入世界贸易组织与中国签署双边协议、承认中国完全市场经济地位、同中国签署双边自由贸易协定的拉美国家。据智利海关统计，2013年智利与中国双边贸易额为329.3亿美元，增长8.7%。其中，智利对中国出口191.1亿美元，增长7.2%；智利自中国进口138.2亿美元，增长10.9%。智利贸易顺差52.9亿美元，下降1.4%。中国是智利第一大贸易伙伴，同时是智利第一大出口市场和第二大进口来源地。[①]

2004 年 11 月，中智两国共同宣布启动自贸区谈判。2005 年 11 月，两国签署《中智自由贸易协定》。2006 年 10 月 1 日起开始实施《中智自由贸易协定》，并正式启动服务贸易和投资谈判。2008 年 4 月，两国签署《中智自由贸易协定关于服务贸易的补充协定》（即中智自贸区《服务贸易协定》）。2012 年 9 月，两国签署《中智自贸协定中关于投资的补充协定》（即中智自贸区《投资协定》）。

中国—智利自由贸易区的意义：有利于促进中智双边贸易发展，深化两国经济合作，加强两国间企业合作，增加人民生活收益，密切双边政治关系，实现互利共赢、共同发展。

《中智自由贸易协定》包含序言、14 章 121 条和 8 个附件。内容包括：序言、市场准入、原产地规则、卫生与植物卫生措施、技术贸易壁垒、贸易救济、争端解决机制等，并且将经济、中小企业、文化、教育、科技、环保、劳动和社会保障、知识产权、投资促进、矿产和工业领域的合作涵盖在内。8 个附件指：进口海关关税消除，中智地理标志清单，产品特定原产地规则，原产地证书，智利主管签证的政府机构，原产地证书签证核查联网系统模式，仲裁小组程序规则，实施委员会批准的修改。

《中智自由贸易区服务贸易协定》包含正文 22 项条款和 2 个附件：商务人员临时入境和双方具体承诺表。根据协定，中方的计算机、管理咨询、采矿、环境、体育、空运等 23 个部门和分部门，以及智方的法律、建筑设计、工程、计算机、研发、房地产、广告、管理咨询、采矿、制造业、租赁、分销、教育、环境、旅游、体育、空运等 37 个部门和分

① 数据来源：中国商务部官网http：//countryreport. mofcom. gov. cn/record/view110209. asp? news_ id =38119.

部门将在各自 WTO 承诺基础上向对方进一步开放。

《中智自由贸易区投资协定》包含 5 节 32 条和 4 个附件。内容包括：定义、投资、投资者—国家争端解决、例外、最后条款。4 个附件指：征收，转移，公债，终止《双边投资协定》。

五、中国—新西兰自由贸易区

中国为新西兰第一大出口市场和第一大进口来源地。据新西兰统计局统计，2014 年新西兰与中国双边货物进出口额为 154.8 亿美元，增长 3.5%。其中，新西兰对中国出口 83 亿美元，增长 1.4%，占新西兰出口总额的 20%；新西兰自中国进口 71.8 亿美元，增长 6%，占新西兰进口总额的 16.9%。新方贸易顺差 11.3 亿美元，下降 20.9%。[①]

2008 年 4 月，中国、新西兰签署《中国与新西兰自由贸易协定》。该协定于 2008 年 10 月 1 日生效，是中国与发达国家签署的第一个自由贸易协定。

中国—新西兰自贸区的意义：为加强两国经贸合作搭建了平台，为两国合作注入了新的活力，促进两国经贸合作在平等互利的基础上实现共赢，有利于双边关系迈向新台阶。

《中国—新西兰自由贸易协定》包含 18 章 214 条和 14 个附件。内容包括：初始条款、总定义、货物贸易、原产地规则及操作程序、海关程序与合作、贸易救济、卫生与植物卫生措施、技术性贸易壁垒、服务贸易、自然人移动、投资、知识产权、透明度、合作、管理与机制条款、争端解决、例外、最后条款。14 个附件指：关税减让表，农产品特殊保障措施，中期审议机制，中方羊毛、毛条国别关税配额，产品特定原产

---

① 数据来源：中国商务部官网 http：//countryreport.mofcom.gov.cn/record/view110209.asp? news_ id =42829.

地规则，原产地证书，原产地声明，服务贸易具体承诺减让表，第一百零七项下的涵盖部门，自然人临时入境承诺，自然人临时雇佣入境承诺，签证便利化，征收，中华人民共和国政府与新西兰政府关于电子、电器产品及其部件合格评定的合作协定。

关于货物贸易，《中国与新西兰自由贸易协定》规定，新西兰将于2016年1月1日前取消全部自华进口产品关税，其中63.6%的产品从协定生效时起即实现零关税；中国将于2019年1月1日前取消97.2%自新进口产品关税，其中24.3%的产品从协定生效时起即实现零关税。

关于服务贸易，《中国与新西兰自由贸易协定》规定，中新两国将在WTO基础上向对方服务提供者进一步开放服务贸易市场。

关于投资，《中国与新西兰自由贸易协定》规定，中新两国将在投资管理、经营、收益或处置等方面给予对方不低于其本国投资享受的待遇，并确保对方享受的待遇不低于相同条件下任何第三国得到的待遇。

六、中国—新加坡自由贸易区

中国和新加坡经贸合作发展迅速，中国为新加坡第二大出口市场和第一大进口来源地。据新加坡国际企业发展局统计，2013年新加坡与中国双边贸易额为920.6亿美元，增长10.7%。其中，新加坡对中国出口483.7亿美元，增长10.0%；自中国进口436.9亿美元，增长11.4%。新方贸易顺差46.7亿美元，下降1.9%。①

中国—新加坡自由贸易区谈判启动于2006年8月，经过8轮艰苦而坦诚的磋商，双方于2008年9月圆满结束谈判。2008年10月，两国签

---

① 数据来源：中国商务部官网 http://countryreport.mofcom.gov.cn/record/view110209.asp?news_id=38226.

署了《中国—新加坡自由贸易协定》。同时，双方还签署了《中国和新加坡关于双边劳务合作的谅解备忘录》。

中国—新加坡自贸区的意义：有利于两国在中国—东盟自贸区的基础上，进一步加快贸易自由化进程，拓展双边自由贸易关系及经贸合作的深度与广度，有利于推进东亚经济一体化进程。

《中国—新加坡自由贸易协定》包含 14 章 115 条和 7 个附件。内容包括：序言，初始条款，总定义，货物贸易，原产地规则，海关程序，贸易救济，技术性贸易壁垒，卫生与植物卫生措施，服务贸易，自然人移动，投资，经济合作，争端解决，例外，总条款和最后条款。7 个附件指：关税减让表，产品特定原产地规则，原产地证书格式，技术性贸易壁垒和卫生与植物卫生措施联系点，服务贸易具体承诺减让表，自然人临时入境承诺，仲裁程序的规则和程序。

关于双边货物贸易，《中国—新加坡自由贸易协定》规定，新加坡将从 2009 年 1 月 1 日起，取消所有自中国进口产品的关税；中国将于 2012 年 1 月 1 日前取消 97.1% 自新进口产品的关税，其中 87.5% 的产品从协定生效时起即实现零关税。

关于服务贸易，《中国—新加坡自由贸易协定》规定，中新两国将在 WTO 和中国—东盟自贸区基础上，向对方服务提供者进一步开放服务贸易市场。

七、中国—秘鲁自由贸易区

中国为秘鲁第一大出口目的地和第二大进口来源国。据秘鲁海关统计，2013 年，秘鲁与中国双边货物进出口额 157.2 亿美元，增长 0.8%。其中，秘鲁对中国出口 73.3 亿美元，下降 5.7%；秘鲁自中国进口 83.9

亿美元，增长7.3%；秘方逆差10.6亿美元，增长2532.6%。①

2007年3月，中秘两国宣布年内启动自贸区联合可行性研究。2007年9月，两国宣布启动自贸区谈判。经过8轮谈判和一次工作组会议，2008年11月，两国谈判成功结束。2009年4月，两国签署《中国—秘鲁自由贸易协定》，该协定是中国与拉美国家签署的第一个一揽子自贸协定。

中国—秘鲁自贸区的意义：将进一步增进两国传统友谊，深化经贸合作。为两国共同应对世界金融危机、促进本国经济增长发挥重要作用，也将为中秘战略伙伴关系进一步增添实质性内涵。

《中国—秘鲁自由贸易协定》包含序言、17章和12个附件。内容包括：序言、初始条款、货物的国民待遇和市场准入、原产地规则与原产地相关的操作程序、海关程序及贸易便利化、贸易救济、卫生与植物卫生措施、技术性贸易壁垒、服务贸易、商务人员临时入境、投资、知识产权、合作、透明度、协定的管理、争端解决、例外、最终条款。12个附件指：国民待遇的例外和进出口限制、关税减让表、滑准税制度、产品特定原产地规则、原产地证书和原产地声明、商务人员临时入境承诺、公债、征收、地理标志清单、自由贸易委员会成员名单、示范程序规则。

关于货物贸易，中秘双方将对各自90%以上的产品分阶段实施零关税。中秘两国的全部货物产品将分为五类实施关税减让。

关于服务贸易，在各自对WTO承诺的基础上，秘方将在采矿、研发、中文教育、中医、武术等部门进一步对中方开放，中方则在采矿、咨询、翻译、体育、旅游等部门对秘方进一步开放。同时，为进一步便利两国人员来往，《中国—秘鲁自由贸易协定》为商务人员临时入境建立

---

① 数据来源：中国商务部官网 http：//countryreport. mofcom. gov. cn/record/view110209. asp? news_ id =38461.

了透明的标准和简化的程序。

关于投资，中秘双方相互给予对方投资者及其投资以准入后国民待遇、最惠国待遇和公平公正待遇；鼓励双边投资并为其提供便利；规定除非为公共利益并经法定程序不得进行征收，一旦征收应当按照公平市场价值给予投资者补偿；保证投资和收益的自由汇出；建立了以投资者—东道国仲裁为特色的投资争端解决机制。

八、中国—哥斯达黎加自由贸易区

中哥两国于2007年6月1日建交，但是两国经济往来较早，中国是哥斯达黎加第二大贸易伙伴。据哥斯达黎加统计局公布的数据，2013年中哥双边货物额为21.3亿美元，增长19.7%。其中，哥斯达黎加对中国出口3.8亿美元，增长15.7%，占哥斯达黎加出口总额的3.3%，增长0.4个百分点；哥斯达黎加自中国进口17.5亿美元，增长20.9%，占哥斯达黎加进口总额的9.7%，增长1.9个百分点。①

2008年1月，中哥两国启动自贸区联合可行性研究。2008年7月，顺利完成可行性研究报告。2009年1月，两国启动自贸区谈判。2010年4月，两国签署《中国—哥斯达黎加自由贸易协定》，该协定于2011年8月正式生效。

中国—哥斯达黎加自贸区的意义：进一步促进两国互利双赢，为两国共同应对世界金融危机、调整产业结构、加快发展步伐发挥重要作用，并将为两国经贸合作带来更为广阔的发展空间。

《中国—哥斯达黎加自由贸易协定》包含序言、16章和13个附件。内容包括：序言、初始条款，一般适用的定义，货物贸易的国民待遇和

① 数据来源：中国商务部官网 http：//countryreport. mofcom. gov. cn/record/view110209. asp? news_ id =39101.

市场准入，原产地规则及相关操作程序，海关手续，卫生与植物卫生措施，技术性贸易壁垒，贸易救济，投资、服务贸易和商务人员临时入境，知识产权，合作、贸易关系促进与提升，透明度，协定的管理，争端解决，例外，最终条款。13 个附件指：国民待遇和进出口限制，关税减让表，产品特定规则清单，原产地证书，卫生与植物卫生事务联系点，技术性贸易壁垒联系点，具体承诺表，商务人员入境工作组，第一百一十六条第一款提及的地理标志，第一百一十六条第二款提及的地理标志，自由贸易委员会，执行自由贸易委员会批准的修改，自由贸易协定协调员。

关于货物贸易，中哥双方将对各自 90% 以上的产品分阶段实施零关税，中国的纺织原料及制品、轻工、机械、电器设备、蔬菜、水果、汽车、化工、生毛皮及皮革等产品和哥方的咖啡、牛肉、猪肉、菠萝汁、冷冻橙汁、果酱、鱼粉、矿产品、生皮等产品将从降税安排中获益。

关于服务贸易，在各自对世贸组织承诺的基础上，哥方有 45 个服务部门进一步对中国开放，中国则在 7 个部门对哥方进一步开放。与此同时，双方还在原产地规则、海关程序、技术性贸易壁垒、卫生和植物卫生措施、贸易救济、知识产权、合作等众多领域达成广泛共识。

九、中国—冰岛自由贸易区

近年来，中国与冰岛贸易往来不断增加，在很多相关领域特别是优势互补领域的合作已经开展起来。据冰岛统计局统计，2013 年冰岛与中国双边货物贸易额为 4.1 亿美元，增长 9.5%。其中，冰岛对中国出口 0.6 亿美元，下降 6.2%；自中国进口 3.5 亿美元，增长 12.6%。①

---

① 数据来源：中国商务部官网 http://countryreport.mofcom.gov.cn/record/view110209.asp?news_id=38003.

2008 年 4 月，中冰两国开始自贸区谈判。经过 6 轮谈判，两国于 2013 年 1 月结束实质性谈判，于当年 4 月签订《中国—冰岛自由贸易协定》，该协定于2014 年7 月1 日生效。冰岛是第一个承认我国完全市场经济地位的欧洲发达国家，也是第一个与中国商谈自由贸易协定的欧洲国家。该协定是中国与欧洲国家签署的第一个自由贸易协定。

中国—冰岛自由贸易区的意义：中冰自贸区是中国与欧洲国家商建的第一个自贸区，是两国关系发展的重要里程碑。它的建成将为两国经贸合作建立制度性安排，有利推动双边经贸关系持续健康发展，还将为中冰关系的长远发展注入巨大活力，对深化中欧经贸合作也具有重要示范意义。

《中国—冰岛自由贸易协定》包括序言、12 章和 9 个附件。内容包括：序言、一般条款、货物贸易、原产地规则、海关手续与贸易便利化、竞争、知识产权、服务贸易、投资、合作、机制条款、争端解决、最终条款。9 个附件指：关税减让表、主管机构和卫生与植物卫生联系人、主管机构和技术性贸易壁垒联系人、产品特定原产地原则、原产地证书、原产地声明、服务贸易具体承诺减让表、提供服务的自然人移动、仲裁小组程序规则。根据自贸协定规定，冰岛自协定生效之日起，对从中国进口的所有工业品和水产品实施零关税，这些产品占中国向冰岛出口总额的 99.77%；与此同时，中国对从冰岛进口的 7830 个税号产品实施零关税，这些产品占中方自冰进口总额的 81.56%，其中包括冰岛盛产的水产品。中冰自贸区建成后，双方最终实现零关税的产品，按税目数衡量均接近 96%，按贸易量衡量均接近 100%。

十、中国—瑞士自由贸易区

瑞士是中国在欧洲的第五大贸易伙伴国，中国是瑞士在亚洲的最大贸易伙伴国。据瑞士海关统计，2013 年中瑞双边货物进出口额为 218.1 亿美元，增长 12.9%。其中，瑞士对中国出口 94.7 亿美元，增长 13.3%，占瑞士出口总额的 4.1%；瑞士自中国进口 123.4 亿美元，增长 12.5%，占瑞士进口总额的 6.2%；瑞方逆差 28.8 亿美元，增长 10.1%。中国为瑞士第六大出口市场和第四大进口来源地。①

2010 年 8 月，中瑞完成自贸区联合可行性研究。2011 年 1 月，两国启动自贸区谈判，并签署了《关于启动中瑞自贸协定谈判的谅解备忘录》。2011 年 4 月，中瑞举行自贸区首轮谈判。两国经过 9 轮自贸区谈判，于 2013 年 7 月 6 日签订了《中国—瑞士自由贸易协定》，该协定于 2014 年 7 月 1 日生效。

中国—瑞士自贸区的意义：将进一步增强中瑞双方的政治互信，大大提升双边经贸合作水平，为双方合作注入新的实质性内容。

《中国—瑞士自由贸易协定》包括序言、16 章和 11 个附件。内容包括：序言、总则、货物贸易、原产地规则与操作程序、海关程序与贸易便利化、贸易救济、技术性贸易壁垒、卫生与植物卫生措施、服务贸易、投资促进、竞争政策、知识产权保护、环境问题、经济技术合作、机制条款、争端解决和最后条款。此外，协定还包括货物贸易关税减让表、产品特定原产地规则、原产地证书、纺织品标签、服务贸易具体承诺表等 11 个附件。该协定是近年来中国对外达成的水平最高、最为全面的自贸协定之一，不仅货物贸易零关税比例高，还在钟表等领域为双方合作建立了良好的机制，并涉及环境、知识产权等许多新规则。

---

① 数据来源：中国商务部官网 http：//countryreport. mofcom. gov. cn/record/view110209. asp? news_ id = 38082.

十一、大陆与台湾《海峡两岸经济合作框架协议》(ECFA)

大陆与台湾签署两岸经济合作框架协议是两岸经贸交流经过30多年互惠互补、相互依存发展的必然结果。据台湾“关税总局”统计，2013年两岸贸易额为1194.6亿美元，增长2.2%。其中，台湾对大陆出口770.1亿美元，增长1.3%；台湾自大陆进口424.6亿美元，增长3.9%。台湾贸易顺差345.5亿美元，下降1.6%。大陆为台湾最大的贸易伙伴、第一大出口目的地和第二大进口来源地。①

2008年，由于中国—东盟自由贸易区（CAFTA）即将于2010年建成，为避免台湾企业在大陆市场上受到东盟产品的冲击，两岸开始构想签署经济一体化协议。经过两年左右时间的酝酿、磋商，两岸于2010年6月29日在重庆正式签署《海峡两岸经济合作框架协议》（Economic Co-operation Framework Agreement，ECFA），并于9月12日正式生效。

ECFA的特点：具有鲜明的两岸特色，充分照顾到两岸利益和经济发展需要；具有开放性和渐进性，最大限度实现两岸经济优势互补，互利共赢；兼具综合性和探索性，内容涉及两岸间的货物贸易和服务贸易，创造性地在早期收获协议中纳入服务贸易开放条款，初步确定了未来两岸经济合作的基本思路。

ECFA的意义：它是两岸经贸关系发展史上的里程碑，标志着两岸关系率先在经贸领域有了制度性突破，为两岸经贸发展提供了制度保障。

ECFA的基本内容：ECFA包括序言、5章和5个附件。内容包括：序言、总则、贸易与投资、经济合作、早期收获、其他。5个附件指：货物贸易早期收获产品清单及降税安排，适用于货物贸易早期收获产品的

① 数据来源：中国商务部官网 http://countryreport.mofcom.gov.cn/record/view110209.asp?news_id=38266.

临时原产地规则，适用于货物贸易早期收获产品的双方保障措施，服务贸易早期收获部门及开放措施，适用于服务贸易早期收获部门及开放措施的服务提供者定义。ECFA 货物贸易早期收获已于 2011 年 1 月 1 日起正式实施。此外，两岸于 2012 年 8 月 9 日签署《海峡两岸投资保护和促进协议》。该协议于 2013 年 2 月 1 日正式生效，包括 1 个正文和 1 个附件。正文内容包括：定义、适用范围和例外、投资待遇、透明度、逐渐减少投资限制、投资便利化、征收、损失补偿、代位、转移、拒绝授予和利益、双方的争端解决、投资者和投资所在地一方争端解决、投资商事争议、联系机制、文书格式、修正、生效。1 个附件指：投资补偿争端调节程序。两岸于 2013 年 6 月 21 日签署《海峡两岸服务贸易协议》，包括 1 个正文和 2 个附件。正文包括：总则、义务与规范、具体承诺、其他条款。2 个附件指：服务贸易具体承诺表，关于服务提供者的具体规定。

第二节　中国正在谈判和研究的自由贸易区

一、中国正在谈判的自由贸易区

（一）中国—海合会自由贸易区

海合会是海湾地区的一个区域经济组织，包括沙特阿拉伯、阿联酋、科威特、阿曼、卡塔尔和巴林六个成员国。近年来，中国与海合会国家经贸关系发展迅速，2011 年双边进出口贸易额为 1337.32 亿美元，2000—2011 年年均增长 26%。[①] 此外，双方在投资和能源合作等领域也

① 佘莉．中国与海合会国家的经贸关系［J］．阿拉伯世界研究，2013（1）．

有良好的合作前景。

2004 年 7 月，中国与海合会签署了《中国—海合会经济、贸易投资和技术合作框架协议》，并共同宣布启动自贸区谈判。2005 年 4 月，中国与海合会进行了首轮自贸区谈判，双方建立了自贸区谈判工作机制，制定了谈判工作大纲，并就货物贸易的关税减让等问题进行了磋商。

2005 年 6 月，中国与海合会进行了第 2 轮自贸区谈判。双方就自贸区市场准入和原产地规则等问题进行了具体磋商，并就货物贸易关税减让模式达成了一致意见。中国与海合会国家签订了《经济贸易协定》《投资保护协定》，并成立了双边经贸混委会，还与除沙特以外的五国签订了《避免双重征税协定》。

2006 年 1 月，中国与海合会举行了第 3 轮自贸区谈判。双方分成 4 个工作组，就海关核查程序、贸易技术壁垒、卫生和植物卫生措施、贸易救济、与贸易有关的法律问题、自贸协定文本等交换了意见，取得了积极进展。2006 年 7 月，中国—海合会贸易谈判委员会举行第四次会议，就货物贸易市场准入、原产地规则、技术性贸易壁垒进行了深入磋商，进一步缩小了分歧。

2009 年 6 月，中国与海合会举行第 4 轮自贸区谈判。双方就货物贸易主要关切和服务贸易初步出价进行了深入磋商，并就原产地规则、技术性贸易壁垒、卫生和植物卫生措施、经济技术合作等议题广泛交换了意见，谈判取得了积极进展。在服务贸易议题中，海合会提交了自贸区协议服务贸易章节的案文，双方提出了各自的初步出价，并进行了讨论。

（二）中国—澳大利亚自由贸易区

中澳经贸关系近年来发展迅速。据澳大利亚统计局统计，2014 年中澳双边贸易额为 1281.7 亿美元，下降 5.9%。其中，澳大利亚对中国出口 814.0 亿美元，下降 10.4%，占澳大利亚出口总额的 33.8%，降低 2.2

个百分点；澳大利亚自中国进口467.7亿美元，增长3.1%，占澳大利亚进口总额的20.5%，提高1.0个百分点。澳方贸易顺差346.4亿美元，下降23.8%。截至2014年12月，中国继续保持为澳大利亚第一大贸易伙伴、第一大出口目的地和第一大进口来源地。①

2005年5月，中澳两国举行自贸区首轮谈判。双方就自贸区谈判程序安排、谈判领域等交换了意见。同年6月，两国签署《中国与澳大利亚自由贸易区协定谈判启动谅解备忘录》。双方重申致力于加强以世界贸易组织为代表的多边贸易体制，以及通过在亚太经济合作组织中的合作促进地区经济发展的愿望。

2005年8月，中澳举行第2轮自贸区谈判。双方就两国贸易体制交换了信息，并相互回答了各自关注的问题。同年11月，两国举行自贸区第3轮谈判。双方就两国贸易体制进一步交换了信息，并相互回答了各自关注的问题。双方认为信息交换增进了对彼此贸易体制的了解，为今后进行实质性谈判创造了条件。

2006年2月，中澳举行第4轮自贸区谈判。双方就货物贸易、农产品贸易、服务贸易和法律议题等四个领域进行了分组讨论，就中澳自贸区未来协议的法律框架、基本原则和一些具体领域的案文交换了意见。5月，两国举行了第5轮自贸区谈判，就未来自贸区协议的框架和所包含的章节基本达成了一致。8月，两国举行第6轮自贸区谈判，着重就货物和农业的市场准入谈判方式阐述了各自立场，并就服务和投资问题进行了磋商。12月，两国举行第7轮自贸区谈判，正式开始对货物和服务贸易领域的市场准入进行谈判，重点就各自在货物领域的出要价清单和服务领域的壁垒清单进行讨论，并就投资、原产地、海关程序、政府采购

---

① 数据来源：中国商务部官网 http：//countryreport. mofcom. gov. cn/record/view110209. asp? news_ id =42741.

等议题继续交换了意见。

2007 年 3 月，中澳举行第 8 轮自贸区谈判。双方继续就各自货物领域的首次出要价进行了讨论，交换了服务领域的第 2 批壁垒清单和投资领域的首批壁垒清单，并就自贸协议部分章节的案文基本达成一致。双方还就原产地、检验检疫、海关程序议题交换了意见。6 月，两国举行第 9 轮自贸区谈判，重点讨论了服务、投资、非关税措施、原产地规则、海关程序、检验检疫、知识产权、争端解决等问题。但在服务和投资方面双方分歧较大，谈判进展缓慢。10 月，两国举行第 10 轮自贸区谈判。双方在海关程序和原产地规则等议题上取得一定进展，在服务、投资和农产品关税配额管理等方面继续深入交换了意见，但还存在着一些实质性的分歧。

2008 年 6 月，中澳举行第 11 轮自贸区谈判。双方就货物贸易领域市场准入、金融和教育服务、知识产权、投资、非关税措施、原产地规则、海关程序、检验检疫、争端解决等问题进行了讨论，并对双方各自关注领域的“早期成果”进行了磋商。谈判在原产地规则、知识产权等议题上取得了一定进展。9 月，两国举行第 12 轮自贸区谈判。双方重点就“早期成果”、关税、服务、投资、协定案文等问题进行了磋商，并在“早期成果”和协定案文方面取得了一定进展。12 月，两国举行第 13 轮自贸区谈判。双方就 FTA 框架内容、货物贸易市场准入、专业服务、金融和教育服务、知识产权、投资等问题进行了磋商。

2010 年 2 月，中澳举行第 14 轮自贸区谈判。双方就农产品市场准入、原产地规则、服务贸易、投资等议题进行了深入讨论，交换了意见，加深了理解。

2011 年 7 月，中澳举行第 16 轮自贸区谈判。双方就前 15 轮谈判进行了全面梳理，认真审核和讨论了农产品贸易、非农产品贸易、服务贸易、投资、海关程序和原产地规则、电子商务、知识产权等领域的出要价情况和协定案文。

2013年5月，中澳举行19轮自贸区谈判。农产品和投资是两国谈判的敏感问题。澳大利亚试图加大对中国农产品出口，但是中国是农业大国，其农产品市场对澳大利亚开放程度会有一定限制。关于投资，澳大利亚需要逐步消除对中国国有企业的偏见。

2014年5月，中澳举行第20轮自贸区谈判。双方代表团就所有谈判议题进行了全面磋商，就未来协议框架和内容深入地交换了意见，为谈判下一阶段的推进打下了良好的基础。9月，中澳举行第21论自贸区谈判。双方本着务实和坦诚的态度就货物贸易、服务贸易、投资、协议案文等议题进行了全面和深入的磋商，取得了积极和建设性的进展。11月，中澳共同确认实质性结束中澳自贸区谈判。

（三）中国—挪威自由贸易区

中挪经贸关系稳步发展，中国是挪威第十一大出口目的地和第三大进口来源地。据挪威统计局统计，2013年挪威与中国双边贸易额为108.6亿美元，增长3.8%。其中，挪威对中国出口27.7亿美元，增长15.8%；挪威自中国进口80.9亿美元，增长0.2%。①

2007年12月，中挪两国完成自贸区联合可行性研究，得出建立自贸区将进一步提升双边关系，深化经贸合作，有利于中挪两国经济的发展和人民生活水平的提高。

2008年9月，中挪两国启动首轮自贸区谈判。12月，两国举行第2轮自贸区谈判。双方代表团就货物、服务、投资等问题深入交换了意见，并就原产地规则、卫生与植物卫生措施、技术性贸易壁垒、贸易救济、

---

① 数据来源：中国商务部官网 http://countryreport.mofcom.gov.cn/record/view110209.asp?news_id=37812.

贸易便利化、知识产权等议题进行了磋商，谈判取得了积极进展。

2009年3月，中挪两国举行第3轮自贸区谈判。双方代表团就货物贸易、服务贸易、原产地规则、卫生与植物卫生措施、技术性贸易壁垒、贸易便利化、争端解决、贸易救济和知识产权等事宜进行了深入磋商，谈判取得了积极进展。6月，两国举行了第4轮自贸区谈判。双方就货物贸易、服务贸易、投资、原产地规则、卫生与植物卫生措施、技术性贸易壁垒、贸易便利化、争端解决、贸易救济和知识产权等议题进行了小组磋商。9月，两国举行了第5轮自贸区谈判。谈判内容涉及货物贸易、服务贸易、原产地规则、卫生与植物卫生措施、技术性贸易壁垒、贸易便利化、争端解决、贸易救济和知识产权等。12月，两国举行了第6轮自贸区谈判。双方就服务、投资、原产地规则、卫生与植物卫生措施、技术性贸易壁垒、贸易救济、知识产权等议题进行了深入磋商，谈判取得了积极进展。

2010年3月，中挪两国举行了第7轮自贸区谈判。双方就货物贸易、服务贸易、原产地规则、卫生与植物卫生措施、技术性贸易壁垒、贸易救济等议题进行了磋商。9月，两国举行了第8轮自贸区谈判。双方就货物贸易、服务贸易、原产地规则、卫生与植物卫生措施、技术性贸易壁垒、贸易救济、贸易便利化等议题进行了磋商。

（四）中国—斯里兰卡自由贸易区

中国和斯里兰卡经贸关系近年来持续发展。据斯里兰卡统计局统计，2013年斯里兰卡与中国双边货物贸易总额为30.8亿美元，增长14.9%。其中，斯里兰卡对中国出口1.2亿美元，增长12.3%，占斯里兰卡出口总额的1.2%，与上年持平；斯里兰卡自中国进口29.6亿美元，增长15.2%，占斯里兰卡进口总额的17.3%，提高2.9个百分点。[①]中国已成

① 数据来源：中国商务部官网 http://countryreport.mofcom.gov.cn/record/view110209.asp?news_id=38548.

为斯里兰卡第二大贸易伙伴和第二大进口来源地。此外，中国也是斯里兰卡近年主要外资来源国之一。

中斯自贸区联合可行性研究于2013年8月在北京启动，2014年3月结束。在联合可行性研究阶段，双方全面、深入地分析了建立中斯自贸区的可行性和影响。研究结果认为，建设中斯自贸区有利于进一步深化双边经济贸易关系，符合两国利益，建议两国政府尽快启动谈判。

2014年9月，中斯两国签署《关于启动中国—斯里兰卡自由贸易协定谈判的谅解备忘录》，宣布正式启动双边自贸区谈判。9月17日至19日，两国举行首轮自贸区谈判。双方就谈判工作机制、覆盖范围、推进方式、路线图和时间表、货物贸易降税模式等多项议题进行了深入磋商，达成诸多共识。与此同时，双方还讨论通过了指导未来谈判的“职责范围”文件，为后续谈判奠定了良好基础。11月，两国举行第2轮自贸区谈判。双方就货物贸易、服务贸易、投资、经济技术合作、原产地规则、海关程序和贸易便利化、技术性贸易壁垒和卫生与植物卫生措施、贸易救济、争端解决等议题充分交换了意见，谈判取得了积极进展。

（五）中国—韩国自由贸易区

中韩两国建交20年来，双边经贸关系迅速发展。据韩国海关统计，2014年韩国与中国的双边贸易额为2354.0亿美元，增长2.8%。其中，韩国对中国出口1453.3亿美元，下降0.4%；韩国自中国进口900.7亿美元，增长8.5%。韩方贸易顺差552.6亿美元，下降12.0%。中国为韩国第一大贸易伙伴、第一大出口目的地和最大的进口来源地。①

2006年11月，中韩同意于2007年启动中韩自贸区官产学联合可行性研究。两国于2007年3月、7月、10月举行了三次自贸区官产学联合

① 数据来源：中国商务部官网 http：//countryreport. mofcom. gov. cn/record/view110209. asp？news_ id =42573.

可行性研究，于2008年2月、6月举行了两次自贸区官产学联合可行性研究，于2010年5月结束了自贸区官产学联合可行性研究。

2009年10月，两国签署《中韩经贸合作中长期发展规划报告》，对两国间原有的经贸合作中长期发展规划进行了调整补充。涉及的重点合作领域包括：创造良好的经济贸易环境，产业领域，技术、能源、环境和劳动领域，多边和区域经济合作以及其他领域等5个方面，涵盖23个具体合作领域，新增加了能源、气候变化、金融、造船、劳动就业以及区域和多边合作与协调等一些双方关注且合作意愿较强的新领域。

2012年5月，中韩举行首轮自贸区谈判，确立了双边互信、利益兼顾、高效务实的谈判原则，讨论了谈判的领域和范围，设立了谈判工作机制，并就货物贸易、服务贸易、投资、非关税壁垒等各自感兴趣的领域发表了意见。双方表示要先易后难，共同推动谈判以取得进展。7月，两国举行第2轮自贸区谈判。双方就货物贸易、服务贸易、投资等领域进行了深入磋商。8月，两国举行第3轮自贸区谈判。双方就货物贸易、服务贸易和投资领域的谈判模式、谈判范围和领域等问题，深入交换了意见。并举行了政府采购等领域的专家组会议，决定将货物贸易商品分为普通、敏感和超敏感三类，并就普通和敏感类商品范围和降税时间表达成一致，分别将于自贸协定生效后10年内和10年后实现零关税。双方还就韩方提出的“以商品税号数量和进口金额同时作为商品分类标准”的意见缩小了分歧。10月，两国举行第4轮自贸区谈判。双方同意成立多个工作组和专家组，就货物贸易、服务贸易、投资等领域的谈判模式和谈判纲要进行深入磋商。

2013年4月，中韩举行第5轮自贸区谈判。双方就货物贸易、服务贸易、投资及其他议题深入交换了意见。双方一致同意继续保持谈判势头，尽快就谈判模式达成共识，早日取得互利双赢的结果。7月，两国完成第6轮自贸区谈判，就谈判模式问题进行磋商，取得了实质性进展。货物贸易方面，双方在自由化水平等问题上基本达成一致。双方在服务、原产地规则、海关程序、贸易救济、知识产权领域召开了工作组会议，并就模式案文基本达成一致。关于协议范围，双方同意将货物、服务、投资、原产地规则、海关程序、贸易救济、知识产权、竞争政策、透明度、卫生和植物卫生措施、技术性贸易壁垒、电子商务、环境、经济合作作为谈判领域纳入自贸协定范围。9月，两国完成第7轮自贸区谈判，最终就协定范围涉及的各领域模式文件达成一致。至此，双方完成了中韩自贸区模式阶段谈判，将进入出要价谈判阶段。11月，两国完成第8轮自贸区谈判，开始出要价和协议文本谈判。双方相互交换了货物贸易的首次出价清单，范围包括正常产品和敏感产品。此外，双方还讨论了各自在其他领域提出的协议文本草案。

2014年1月，两国举行第9轮自贸区谈判，继续进行货物贸易全面出要价谈判，并就服务贸易、投资、原产地规则、海关程序和贸易便利化、知识产权、竞争政策等十几个领域开展了协议文本的谈判。3月，两国举行第10轮自贸区谈判，就制造业、农水产品等敏感领域的开放程度进行了谈判。5月，两国举行第11轮自贸区谈判，继续就货物贸易、服务贸易和投资进行了密集、深入的磋商，同时在原产地规则、贸易救济、技术性贸易壁垒、卫生和植物卫生措施、知识产权、电子商务、环境等广泛领域开展谈判，取得了积极进展。7月，两国举行第12轮自贸区谈判，就货物贸易、服务贸易、投资、原产地规则、贸易救济、技术性贸易壁垒、卫生和植物卫生措施、知识产权等领域开展了磋商。9月，两国举行第13轮自贸区谈判。双方在货物贸易、服务贸易、投资及规则等领域均取得进展。在货物贸易方面，双方就如何完成降税安排进一步深入地交换了意见；在服务贸易、投资及规则领域双方进一步缩小了分歧。

11 月，两国举行第 14 轮谈判，就货物贸易、服务贸易、投资、原产地规则等领域的遗留问题展开磋商。11 月 10 日，两国共同确认中韩自贸区结束实质性谈判。

2015 年 2 月 25 日，中韩双方完成中韩自贸协定全部文本的草签，对协定内容进行了确认。至此，中韩自贸区谈判全部完成。

（六）中日韩自由贸易区

中日韩三国同为东亚重要经济体，三国 GDP 占东亚 GDP 的 90%，占亚洲的 70%，2012 年三国 GDP 合计达到 14.3 万亿美元，约占全球 GDP 的 20%。三国也是全球贸易大国，2012 年三国进出口总额约为 5.4 万亿美元，占全球贸易总量的 35%。三国经济规模在全球仅次于欧盟和北美，一旦自贸区建成，将形成一个人口超过 15 亿的大市场，成为世界上人口最多的发展中国家和发达国家联合开展的自由贸易区。①

2010 年 5 月，中日韩举行第 1 次官产学联合研究。三国就自贸区联合研究的基本议题设置、研究方式等问题进行了讨论，并对货物贸易议题交换了意见。9 月，中日韩举行第 2 次官产学联合研究。三方就关税、非关税措施、原产地规则、贸易救济、卫生与植物卫生措施、技术性贸易壁垒等涉及货物贸易和经济合作领域的有关议题充分交换了意见。12 月，中日韩举行第 3 次官产学联合研究，主要讨论了自贸区服务贸易与投资领域的有关议题。

2011 年 3 月，中日韩举行第 4 次官产学联合研究。双方决定加快三国自贸区的进程，将原本定于 2012 年完成的联合研究提前至 2011 年完成，并尽快开始谈判。6 月，中日韩举行了第 5 次官产学联合研究。三国就服务贸易和投资章节的案文进行了磋商。8 月，中日韩举行了第 6 次官

---

① 数据来源：中国商务部官网 http：//fta. mofcom. gov. cn/article/chinarihan/chinarh-news/201303/11855_ 1. html.

产学联合研究。三国就进一步提升三国间贸易投资机会，加速产业融合，合作共同发展的相关问题进行了研讨，并重点对“联合研究报告”的“其他议题”部分及中日韩三国处于不同阶段，自由化方面，面临不同挑战，中方应该如何应对等问题进行了讨论。12月，中日韩举行了第7次官产学联合研究。三方签署联合声明，宣布完成三国自贸区官产学联合研究，并建议就尽快启动自贸区谈判确定时间表和路线图。

2012年5月，中日韩三国签署《中华人民共和国政府、日本国政府及大韩民国政府关于促进、便利和保护投资的协定》。中日韩投资协定谈判自2007年启动以来，先后进行了13轮正式谈判和数次非正式磋商，于2012年3月结束。该协定共包含27条和1个附加议定书，囊括了国际投资协定通常包含的所有重要内容，包括投资定义、适用范围、最惠国待遇、国民待遇、征收、转移、代位、税收、一般例外、争议解决等条款。

2012年11月，中日韩三国宣布启动自贸区谈判。2013年3月，三国举行第1轮自贸区谈判，讨论了自贸区的机制安排、谈判领域及谈判方式等议题。7月，三国举行第2轮自贸区谈判，就货物贸易、服务贸易、原产地规则、海关程序和便利化、贸易救济、卫生与植物卫生措施、技术性贸易壁垒、竞争政策、知识产权、电子商务等议题进行了磋商和交流。11月，三国举行了第3轮自贸区谈判，就商品贸易、服务贸易、投资、竞争、知识产权等议题进行了讨论。

2014年3月，三国举行了第4轮自贸区谈判，就货物贸易的降税模式、服务贸易和投资的开放方式、协定的范围和领域等议题展开磋商。9月，三国举行了第5轮自贸区谈判。三国在各个领域特别是协定的范围和领域、谈判未来安排等方面取得积极进展。在货物贸易、服务贸易和投资方面，三国深入交换了意见，进一步缩小了分歧；在范围和领域方面，除已成立的11个工作组外，三国同意将电子商务、环境、合作纳入协定并相应成立工作组；三国还通过了未来谈判新安排。

2015 年 1 月，三国举行了第 5 轮自贸区谈判。三方就货物贸易降税模式、服务贸易和投资开放方式及协定范围与领域等议题进行了磋商。

（七）区域全面经济伙伴关系协定（RCEP）

区域全面经济伙伴关系协定（Regional Comprehensive Economic Partnership，即 RCEP）是由东盟国家提出并主导、在东盟此前对外所签五个“10+1”FTA 基础上建立的一个区域经济合作新平台，目的在于推动 16 个成员国相互开放市场、实施区域经济一体化。RCEP 建成后，将覆盖大约 30 亿人口，区内经济总量接近 20 万亿美元。

截至 2015 年 2 月，RCEP 的具体谈判进展如表 3.3 所示。

表 3.3　RCEP 谈判进程（截至 2015 年 2 月）

时间	会议名称	达成的共识、取得的成果
2011 年 2 月	第十八次东盟经济部长会议	提出构建 RCEP 草案，RCEP 概念首次被提出
2011 年 11 月	第十九届东盟峰会	东盟正式提出了广域一体化组织 RCEP，与会成员一致同意建立 RCEP
2012 年 8 月底	东盟“10+6”经济部长会议	达成《RCEP 谈判指导原则和目标》；拟于 2013 年年初正式开始 RCEP 谈判，计划 2015 年年底完成，之后正式实施
2012 年 11 月	第二十一届东盟峰会	宣布 RCEP 谈判正式启动
2013 年 5 月 9 日—13 日	第一轮谈判（文莱斯里巴加湾市）	正式成立货物贸易、服务贸易和投资三个工作组，并就货物、服务和投资等议题展开磋商

续 表

时间	会议名称	达成的共识、取得的成果
2013 年 9 月 23 日—27 日	第二轮谈判（澳大利亚布里斯班）	贸易谈判委员会和货物贸易、服务贸易、投资等三个工作组召开了会议。货物贸易方面，各方重点讨论了关税减让模式和章节结构及要素等问题，并就关税和贸易数据交换、原产地规则、海关程序等问题进行了交流，决定成立原产地规则分组和海关程序与贸易便利化分组。服务贸易方面，各方对协定章节结构、要素等问题展开了讨论，并就部分各国感兴趣的服务部门开放问题初步交换了意见。投资组重点就章节要素进行了讨论。此外，各方还就经济技术合作、知识产权、竞争政策和争端解决等议题进行了信息交流
2014 年 1 月 20 日	第三轮谈判（马来西亚吉隆坡）	谈判的重点内容包括市场准入模式、协定章节框架和相关领域案文要素等。谈判为期五天，各领域议题由工作组讨论，主要议题和协调工作由贸易谈判委员会负责
2014 年 3 月 31 日	第四轮谈判（中国广西南宁）	本轮谈判历时 5 天，与会方就市场自由化方式和范围、非关税措施、卫生检疫、技术标准、原产地等进行了集中讨论
2014 年 6 月 27 日	第五轮谈判（新加坡）	本轮谈判为闭门会议，全程没有对外界公开。据悉，本轮谈判的重点议题包括：货物贸易、服务贸易、投资、经济技术合作、知识产权、竞争和法律规则及机制。本轮会谈还认真讨论了 RCEP 谈判的具体边界和推进方式

续 表

时间	会议名称	达成的共识、取得的成果
2014 年 12 月 1 日	第六轮谈判（印度新德里）	工作组进一步讨论了相关议题
2015 年 2 月 9 日—13 日	第七轮谈判（泰国）	工作组深入讨论了相关议题，此外还举行了电子商务领域的专家会议；拟于 2015 年 12 月结束谈判

资料来源：根据国家商务部网站及相关资料整理。

（八）中国—东盟自贸区升级版谈判

2014 年 8 月，第 13 次中国—东盟经贸部长会议发表联合新闻公报宣布，中国和东盟同意开始中国—东盟自贸区升级版谈判。9 月 23 日—24 日，中国—东盟自贸区首轮升级谈判举行，重点讨论了中国—东盟自贸区升级谈判的工作安排，并召开了投资、经济合作、原产地规则和海关程序与贸易便利化四个工作组会议，就具体领域深入交换了意见。

2015 年 2 月，中国—东盟自贸区第 2 轮升级谈判举行。双方继续积极推进升级谈判进程，并召开服务贸易、投资、经济合作、海关程序与贸易便利化、原产地规则、标准、技术法规与合格评定程序和卫生与植物卫生措施七个工作组会议，就具体领域深入交换了意见。

打造中国—东盟自贸区升级版，将通过更新和扩充中国—东盟自贸区协定的内容与范围，削减非关税措施，提出新一批服务贸易承诺，从准入条件、人员往来等方面推动投资领域的实质性开放，提升贸易和投资自由化、便利化水平，力争到 2020 年双边贸易额达到 1 万亿美元，形成宽领域、高层次、高水平、全方位的合作格局。

（九）中国—巴基斯坦自贸协定第二阶段谈判

依据中巴自贸协定，双方承诺分两个阶段对 90% 的货物进行关税减让。第一阶段在协定生效后5年内，双方对占各自税目总数85%的产品按照不同的降税幅度实施降税。其中，3年内，双方将约占各自税目总数35%的产品关税降为零。第二阶段从协定生效第6年开始，双方将在对以往情况进行审评的基础上，对各自产品进一步实施降税。目标是在不太长的时间内，在照顾双方各自关注领域的基础上，使各自零关税产品占税号和贸易量的比例均达到90%。

2011年3月，中巴两国举行自贸区第二阶段降税第一轮谈判。双方回顾了中巴自贸区第一阶段降税的实施成果，确定了第二阶段降税谈判大纲，并就降税模式等问题交换了意见。

二、中国完成研究/正在研究的自由贸易区

（一）中国—印度自由贸易区

中国在印度出口贸易中仅次于美国和阿联酋位居第三位，而在进口贸易中为印度第一大进口来源地。据印度商业信息统计署与印度商务部统计，2013年印度与中国双边货物贸易额为659.5亿美元，下降4.1%。其中，印度对中国出口145.6亿美元，下降2.3%，占印度出口总额的4.7%，下降0.3个百分点；印度自中国进口513.9亿美元，下降1.9%，占印度进口总额的11.0%，增长0.3个百分点。①

2005年4月，中印两国启动区域贸易安排联合可行性研究。2006年3月，中印举行联合可行性研究第一次工作组会议。2007年10月，两国完成区域贸易安排联合研究。双方就货物贸易、服务贸易、投资、贸易便利化、经济合作以及结论和建议等全部章节达成共识。

---

① 数据来源：中国商务部官网 http://countryreport.mofcom.gov.cn/record/view110209.asp?news_id=38400.

（二）中国—哥伦比亚自由贸易区

目前，中国为哥伦比亚第二大进口来源地和第二大出口市场。据哥伦比亚国家统计局统计，2013 年哥伦比亚与中国双边货物进出口额为154.6 亿美元，增长 17.5%。其中，哥伦比亚对中国出口 51 亿美元，增长 52.6%，占其出口总额的 8.7%，上涨 3.2 个百分点；哥伦比亚自中国进口 103.6 亿美元，增长 5.5%，占其进口总额的 17.5%，提高 0.9 个百分点。哥方贸易逆差 52.6 亿美元，下降 18.8%。[①]

2012 年 5 月，中国与哥伦比亚签署《中华人民共和国商务部与哥伦比亚共和国贸易工业旅游部关于开展双边自由贸易协定联合可行性研究的谅解备忘录》，正式启动两国自贸区联合可行性研究。

（三）中国—马尔代夫自由贸易区

中国和马尔代夫是传统友好近邻，两国经贸关系稳定发展。2014 年双边贸易额突破 1 亿美元，达到 1.04 亿美元，同比增长 6.7%。[②]

2015 年 2 月，中国—马尔代夫自贸区联合可行性研究第一次工作组会议在马尔代夫首都马累举行。双方就联合可行性研究的工作机制和双方分工、研究报告的结构框架及主要内容、工作组下一步工作安排等问题深入交换了意见，并就指导双方研究工作的职责范围文件达成一致。

---

① 数据来源：中国商务部官网 http://www.mofcom.gov.cn/aarticle/ae/ai/201205/20120508116817.html.

② 数据来源：中国商务部官网 http://fta.mofcom.gov.cn/article/chinamedf/chinamedfnews/201502/20474_1.html.

第四章　中国自由贸易区战略的实践效应

第一节　自由贸易区经济效应的理论观点

一、贸易效应

对于自贸区贸易效应的研究最早可以追溯到美国经济学家雅各布·维纳（Jacob Viner）的关税同盟理论，该理论奠定了区域经济一体化理论的基础。维纳在1950年发表的《关税同盟问题》一书中首次突破了关于区域性关税减让和贸易自由化对经济具有积极作用的传统观点，从国际生产和交换的视角出发，提出了贸易创造效应（Trade Creation Effect）和贸易转移效应（Trade Diversion Effect）。一国能否从关税同盟中获益，主要取决于贸易创造效应与贸易转移效应综合比较的结果。

（一）贸易创造效应

贸易创造效应主要是指：随着区域经济一体化组织成员国之间相互取消关税和与关税具有同等效力的其他非关税壁垒，成员国国内一些高成本的产品生产逐步被同盟国内其他生产成本更低的产品进口所替代，从而提高了资源的使用效率，扩大了生产所带来的利益。自贸区的建立使得产品从资源耗费较高的本国生产转向资源耗费较低的成员国生产，体现了经济开始走向由自由贸易进行资源配置，因此可能有利于区域福利水平的增长。

首先，从消费者角度来看，由于成员国之间进口关税的减免，消费者可以以相对较低的价格消费更多的产品，从而获得更多的消费者剩余。

其次，从生产者角度来看，区域经济一体化组织能够促进资源的优化配置。通过从高效率的成员国进口来替代本国低效率的生产，可以促使本国将释放出来的资源用于发展和改进本国具有比较优势的产品，塑造产业竞争力。

再次，由于贸易创造而带来的收入增长，也会刺激成员国对世界上其他国家产品的进口需求，从而增加全世界的福利。

（二）贸易转移效应

贸易转移效应是指参与区域经济一体化之后，一国将原本从生产效率较高的非成员国进口的产品，改由向生产效率较低的成员国进口。产品由资源耗费较低的非成员国生产，转向资源耗费较高的成员国生产，代表着经济背离了自由贸易的资源配置，因此有可能带来福利水平的降低。

首先，从消费者效应来看，贸易转移的发生会使得消费者购买的产品价格降低，消费量增加，从而提高消费者剩余。

其次，从生产者效应来看，价格下降会导致生产者剩余下降。

再次，在税收方面，贸易转移将导致政府关税收入减少。

因此，贸易转移带来的福利变化是不确定的，而是取决于以上三方面效应的综合影响。

关税同盟的净效应就是由贸易创造带来的效应减去贸易转移造成的

损失而最终取得的实际利益。如果贸易创造的收益大于贸易转移的损失，那就意味着用一定量的资源生产出了更多的产品，从而提高了世界净福利；反之，则减少了世界净福利。

（三）其他贸易效应

在维纳的贸易创造效应和贸易转移效应的基础上，后来的研究学者又总结提出了贸易扩张效应、贸易条件效应、贸易修正效应和贸易抑制效应等其他贸易效应。

1. 贸易扩张效应

贸易扩张效应是由米德（James Edward Meade）在1995年提出的，他认为除了从低效率的进口国角度来衡量区域经济一体化带来的效应，也应该同时分析一体化给高效率的出口国所带来的福利变化。

从出口国角度来看，自由贸易区的成立，使得本国的低价产品取得绝对的价格竞争优势，带来出口需求的增加，也就是贸易扩张效应。同时，产量的增加也有助于产品生产形成规模经济，降低产品成本，又进一步促进贸易的扩大。

从进口国的角度来讲，区域经济一体化组织建立以后，无论是在贸易创造还是在贸易转移的情况下，进口国部分进口产品的价格会随着成员国间关税的减免相应有所下降，如果该商品的需求价格弹性大于1，则该国对此产品需求数量的增幅要大于其价格的下降幅度，从而使得该产品的进口额增加，这就是贸易扩大效应。

2. 贸易条件效应

贸易条件效应是指建立关税同盟后，同盟内国家向同盟外国家进出口商品的贸易条件所发生的变化。一般来说，贸易转移效应使得同盟内国家减少从同盟外国家的进口，供需平衡的改变导致外部国际市场的供应价格相应下降，这样，同盟成员国的贸易条件就可能得以改善，从而提高同盟成员国的社会福利。

约翰逊（Johnson，1965）① 和巴格瓦蒂（Bhagwati，1968）认为，小国经济在组成关税同盟之后，可以利用贸易创造导致的产业竞争力的提高来改善本国的贸易条件。阿德特（Arndt，1968）也曾专门对此作过详细分析，他提出了一个包括 3~4 个国家的一般均衡分析模型，并由此证明了如果关税同盟所包含的国家数目足够大，那么关税同盟会改善其成员的贸易条件。

3. 贸易修正效应

蒙代尔（Mundell，1964）②、瓦内克（Venek，1965）③ 和肯普（Kemp，1969）④ 等人对贸易修正效应做了相应研究，其结论认为，关税同盟的建立对世界贸易规模扩张或收缩的影响，主要取决于贸易构成中互补性商品和替代性商品的相对比重。若成员国与非成员国的出口产品是互补性产品，它们之间的贸易规模呈现同方向变动的趋势，反之若是替代性产品，则呈现反方向变动。

4. 贸易抑制效应

科登（Corden，1972）⑤ 在其《规模经济与关税同盟理论》一文中提出了贸易抑制效应。贸易抑制效应是自贸区规模经济的结果，与贸易转

---

① Johnson, H. G.. An Economic Theory of Protectionism: Tariff Bargaining and the Formation of Customs Unions. *Journal of Political Economy* ,1965(73).

② Mundell, Robert A. Tariff Preferences and the Terms of Trade. *Manchester School of Economic and Social Studies* ,1964(32).

③ Vanek, Jaroslav. General Equilibrium of International Discrimination: the Case of Custom Unions. Cambridge: *Harvard University Press*,1965.

④ Kemp, Murray. A Contribution to the General Equilibrium Theory of Preferential Trading. Amsterdam: *North – Holland*,1969.

⑤ Corden, M. W.. Economies of Scale and Customs Union Theory. *Journal of Political Economy*, 1972(80).

移效应类似，即最有效率的自贸区外部生产厂商的供给被自贸区成员国厂商的供给所替代。

二、投资效应

金德尔柏格（Kindleberger，1966）[①] 在传统关税同盟理论的贸易创造和贸易转移的静态效应框架基础上，结合战后一体化浪潮以及由此产生的主要发达国家跨国公司经营战略的实践，提出了投资转移效应（Investment Diversion Effect）和投资创造效应（Investment Creation Effect），从而将区域经济一体化经济效应的研究推进到了投资领域。

（一）投资转移效应

从现有的研究成果来看，投资转移效应主要包括以下两种情况：

1. 区外对区内的投资转移效应

区域经济一体化组织成立以后，成员国之间的贸易壁垒逐步消除，交易规则趋向统一，由此带来了交易空间的扩大和交易成本的下降，因此，区域外的企业可对该地区的生产经营活动进行重新布局，从而更有效地配置资源以实现规模经济和专业化生产。在这种情况下，一体化区域内国家吸收外国直接投资的增加将导致世界其他国家吸收投资的减少。

2. 区内对区内的投资转移效应

如果区域内国家相互直接投资的增加只是区域范围内投资布局的调整或资源的重新配置，那么，一成员国投资流入的增加将导致另一成员国投资流入的减少，产生区域内的投资转移效应。[②]

---

① Kindleberger, C. P.. European International and the International Corporation. *Columbia Journal of World Business*, 1966(1).

② 吴立广．区域经济一体化浪潮及对国际直接投资的影响［J］．世界经济，1994（1）．

（二）投资创造效应

投资创造效应是指区域经济一体化的实施，导致区域外国家对区域内国家的直接投资和区域内成员国之间的直接投资的增加。区域经济一体化的投资创造效应主要来源于两大因素：一是随着成员国之间生产要素流动逐步趋向自由化，导致成员国之间的相互投资增加；二是区域外企业为了减少一体化对其可能产生的不利影响，加大对区内成员国的投资力度。此外，大的跨国企业向某一区域的扩张投资，往往会吸引众多配套类企业的投资，因此，区域经济一体化的投资创造效应也体现出一定的联动及辐射效应。

1. 区外对区内的投资创造效应

按照金德尔伯格的定义，投资创造是对贸易转移的竞争性反应。自由贸易区建立后，区域内贸易的自由化会增加外部厂商的相对成本，贸易由原来低成本的区域外国家转移到区域内成员国，区外企业的产品竞争力下降，市场份额缩减。区外企业想要重新占领自由贸易区成员国市场，就必须主动调整经营策略，通过输出资本，将生产转移到区域内部，因而导致区域内国家的外国直接投资流入增长。这是由自由贸易区成立后对外关税壁垒的存在引起的区外对区内的投资创造效应。另一方面，自由贸易区建立后，随着统一的大市场形成，市场规模扩大，区域内成员国作为一个整体对市场追求型外国直接投资的吸引力不断增强，使得世界其他国家加大对区域内国家的直接投资。

美国经济学家贝拉·巴拉萨（Bela Balassa，1961）① 在《经济一体化的理论》一书中提出，与静态效应相比，区域经济一体化的动态效应对刺激区内外资流入的影响更为明显。因为区域经济一体化可以影响成

---

① Bela Balassa. The Theory of Economic Integration. *Homewood*, Richard D. Irwin, 1961.

员国的市场结构，使该区域更有吸引力，从而促进厂商在更有效率的市场上寻求投资机会，外国直接投资增加。鲍德温和威纳博（Baldwin & Venable，1995）[①] 提出，自由贸易区的投资效应在某种程度上也表现为生产转移效应。他们认为，自贸区或者关税同盟建立以后，通过对非成员国的歧视性待遇，成员国与非成员国所面临的机会成本发生了改变，再加上市场扩大为成员国带来的规模经济优势，商品生产逐步向取消关税壁垒的区域转移。

2. 区内对区内的投资创造效应

这主要是指自由贸易区建立后，会取消各种对投资流动的限制和管制，以建立自由、透明、便利和具有竞争力的投资体制来推动资本、技术和劳动力等各种要素在成员国间的自由流动，从而促进成员国间相互投资的增加。

三、消费效应

1955 年，英国经济学家詹姆斯·爱德华·米德（James Edward Meade）在其出版的《关税同盟理论》[②] 一书中对维纳的关税同盟理论做出了重要补充。他认为，除去贸易创造和贸易转移的生产效果，关税同盟还存在消费效应。关税同盟的建立使得区域内关税逐步降低甚至消除，进口商品价格随之下降，消费者需求增加，对伙伴国的进口会上升。这种由于价格变化而引起的进口消费的增加就是消费效应，它使进口国的

---

① Baldwin，R. E.，A. J. Venables，Regional Economic Integration，in Grossman and Rogoff（eds）*Handbook of International Economics*，vol. III，Amsterdam：Elsevier，1995.

② Meade J. E. The Theory of Customs Union. Amsterdam：North Holland Publishing Company，1955.

消费者福利上升。因此，消费效应加强了贸易创造所带来的社会福利，可以在一定程度上弥补贸易转移所造成的损失。

李普西（Lipsey，1957）进一步否认了维纳关于贸易创造有利于社会福利、贸易转移不利于社会福利的观点。他认为，当消费效应大于贸易转移效应时，一体化组织成员国乃至整个世界理论上都有可能提高福利。

四、规模经济效应

规模经济效应主要是指：随着自贸区的建立，成员国之间的关税水平大幅下降，成员国之间的贸易规模不断扩大，产品需求相应增加，由此进一步促进生产者的生产规模扩大，进而产生规模经济，降低单位产品的成本。

科登（Corden，1972）① 在《规模经济与关税同盟理论》一文中，对关税同盟形成后规模经济所产生的福利效应进行了局部均衡分析，从理论上说明了规模经济也是发展中国家经济一体化的重要动力。生产规模的扩大使单位产品分摊的固定成本减少，专业化分工使生产更有效率，大规模采购使原料价格更低等，均使得某成员国以较低成本供应国内市场，从而产生成本降低效应。

此外，根据巴拉萨（B. Balassa，1966）的研究，自贸区除了给成员国的生产厂商带来前述的内部规模经济外，还会带来因整个经济体系的发展所产生的外部规模经济。他提出，区域经济一体化组织成立后，各成员国有一个比较稳定的扩大的市场，厂商就可充分利用其优势，扩大生产规模，从而降低产品的成本，提高经济效益。另外，由于国民经济各部门之间是相互关联的，某部门的发展可能在许多方面带动其他部门

---

① Corden，M. W.. Economies of Scale and Customs Union Theory. *Journal of Political Economy*，1972（80）.

的发展。同时，区域性的经济合作还可导致区域内部市场的扩大，市场的扩大势必带来各行业的相互促进。

中国国内学者盛斌（2004）[①] 也认为：某些产品的市场规模虽然并不小，但不完全竞争的市场结构却广泛存在。在这些市场上竞争趋于消失，价格居高不下，市场陷入高利润率、高价格和小规模生产的恶性循环之中。自贸区的建立可以将各国国内市场融合成一个大市场，打破市场狭小、厂商寡头或多头垄断的局面，成员方之间的竞争加剧和价格下降，迫使企业不得不转向大规模生产，导致机器设备的充分利用、大批量生产专业化、最新技术的应用和竞争的恢复。

五、市场竞争效应

自由贸易区的建立在一定程度上消除了成员国对本国市场的保护，使得成员国的产品与本国产品处于相同的竞争平台，国内厂商面临的市场竞争环境更为激烈，只有不断地改进生产和服务才能维持自身的市场份额。因此，自贸区的建立可以刺激成员国生产厂商不断改进生产技术、提高劳动生产率、优化管理方式、增强综合竞争力。此外，竞争机制的完善也可以促进经济资源流向更有效率的领域，从而实现资源的优化配置，带来更多的经济效应。

一国在加入区域经济一体化组织之前，往往由几家大型企业长期占据并掌控国内市场，同时获取超额的垄断利润，这严重阻碍了各国的技术进步。在加入区域经济一体化组织之后，各成员国的市场互相开放，货物自由流通，贸易完全自由化，使得各国企业不得不面临着其他成员国同类企业的竞争。在竞争中占据主导权的企业就可以获取市场带来的

① 盛斌．市场结构与市场规模分析［J］．世界经济，2004（8）．

规模经济利益，使市场形成优胜劣汰的有效机制。在激烈的竞争中，处于劣势地位的企业必然会被淘汰或兼并，或者互相合并，进而在区域经济组织内部形成垄断企业。区域经济组织内部垄断企业的组建，有助于抵御来自非成员国企业的竞争，甚至有助于贸易集团国家的企业在第三国市场上与其他非成员国企业进行竞争。

戴维罗杰和罗德里克（Devarajan & Rodrik ，1991）[①] 认为，在不完全的市场结构下，贸易自由化不但会带来基于比较优势的资源配置效应，还会有各种竞争效应，后者的存在使得贸易自由化的福利影响大大增加。西托夫斯基（Scitovsky，1958）[②] 也认为，高关税导致垄断。建立自由贸易区或关税同盟之前，成员国国内某些重要行业可能会形成某种程度的垄断，对于这些集中度较高的行业来说，经济一体化有可能通过成员国竞争厂商的成功进入而降低支配厂商的市场份额，提高行业的竞争程度，而小企业则可能通过兼并、联合来提高效率，增强竞争力。自贸区可以把那些被保护主义分割的小市场统一起来，结成大市场，通过大市场内的激烈竞争，实现大批量生产等方面的利益。

六、研发促进效应

自贸区建立之后，为了充分分享市场规模扩大的好处，应付激烈的市场竞争，各成员国企业不得不加强在科技研发领域的投资，加快新技术的开发和利用，促进科技进步。成员国之间先进的经营方法和技术手段也可以更顺畅地实现共享，形成技术扩散。此外，自贸区的建立给区

---

① Devarajan，Rodrick. Free Trade Theories and Predicting Trade Flows. *Journal of Economic Perspectives*，1991（10）.

② Scitovsky T. Economic Theory and Western European Integration. London：*George Allen and Unwin*，1958.

域内企业提供了重新组织和提高竞争力的机会及客观条件，通过收购、兼并、合作等资本运作，促进企业效率提高，同时实现产业结构的优化和高级化。

瑞沃拉－巴蒂茨、罗默（Rivera－Batiz & Romer，1991）[①] 等人的研究认为，经济一体化能够以联合 R&D 代替各个国家的单独行动，并能促进成员国在特定专业化模式下技术思想的相互交流，因此这一组织形式可促使知识和技术在更大范围内的传播和扩散，从而加速经济增长。在他们的模型中，贸易带来的动态收益几乎全部来源于两种国际技术转移渠道的开放：第一种是高技术资本品的进口提高了制造业的生产力，因为每一种资本品都是独一无二的，进口增加了资本供应，这反过来增加了来自于专业化生产的潜在利益；第二种是实现贸易自由化之后，技术、知识在国家间的流动更加自由，进而提高了研究者和工程师的研发效率。

七、经济增长效应

按照经济增长理论，经济增长，特别是长期经济增长，主要来自于两个方面的影响：一是资本、劳动力、土地等生产要素投入增加对经济发展的拉动；二是制度变革、技术进步等带来的要素生产率的提高。区域经济一体化的建立在整体上有利于各成员国经济的稳定发展，这主要是因为一体化组织的建立在政策和实践上，为成员国创造出一个和谐、合作、发展的良好环境，各国可以在这一宏观大环境中充分利用资源和市场优势，促进其经济的快速发展。自贸区影响经济增长最重要的渠道是贸易，贸易可以带来投资引致型增长（Investment－led Growth）和技术

---

① Rivera－Batiz, Luis, Paul M. Romer. Economic Integration and Endogenous Growth. *Quarterly Journal of Ecoomics*. Vol. 106, 1991.

引致型增长（Technology－led Growth）。

经济一体化还能够通过规模报酬递增部门的规模效应影响长期经济增长。从中、长期来看，区域经济一体化也对各成员国的经济增长有影响。一方面，区域经济一体化通过提高物质资本积累而刺激经济增长；另一方面，区域经济一体化程度的提高可以改善一国宏观经济政策的质量，通过引进、模仿、吸收一体化伙伴国的先进技术，从而影响一国各类资源要素的使用效率来促进经济增长。

八、负面经济效应

首先，自贸区的建立促成了新垄断的形成，如果自贸区的对外排他性很大，那么这种保护所形成的新垄断又会成为技术进步的严重障碍。除非自贸区不断有新的成员国加入，从而不断有新的竞争刺激，否则由此产生的技术进步放缓现象也会重新成为阻碍经济增长的因素。

其次，自贸区的建立可能会拉大成员国不同地区之间经济发展水平的差距。自贸区建立以后，资本倾向于向投资环境比较好的地区流动，如果没有促进地区平衡发展的政策，一些国家中的落后地区与先进地区的差距将逐步拉大。事实上，欧洲主权债务危机的爆发也是欧盟内部成员国之间经济发展水平不均的反映。

第二节　中国自由贸易区实践的经济效应分析

目前，全面、系统地分析和评价中国自贸区效应的文献尚不多见。为从总体上反映我国的自贸区效应，本节基于进程差异及主要特点，重点选取了五个自贸区进行效应探讨：一是已经基本建成的中国—东盟自由贸易区（CAFTA）；二是刚刚完成谈判并于2015年年初草签了协议文本的中韩自由贸易区；三是拟建的中国—海合会自由贸易区；四是中国与发达国家签署建立的第一个自贸区，即中国—新西兰自由贸易区；五是迄今我国开放力度最大的《内地与香港关于建立更紧密经贸关系的安排》（CEPA）。

一、中国—东盟自由贸易区（CAFTA）

中国—东盟自由贸易区是我国入世以来签署的第一个自由贸易协定，拉开了我国积极参与区域经济一体化的序幕。中国—东盟自贸区启动建设以来，先后签署了《中国—东盟全面经济合作框架协议》《货物贸易协议》《服务贸易协议》《投资协议》和《争端解决机制协议》。在货物贸易领域，按照协议规定，2010年1月1日，中国—东盟自贸区如期建成，中国对自东盟10国进口的90%以上的产品实现了零关税，东盟六个老成员，即：文莱、菲律宾、印尼、马来西亚、泰国和新加坡也对自华进口的90%以上产品实现了零关税。中国对东盟平均关税将从目前的9.8%降到0.1%，东盟六个老成员对中国的平均关税将从目前的12.8%降到0.6%。东盟四个新成员，即越南、老挝、柬埔寨和缅甸，也在2015年实现了90%零关税的目标。在服务贸易领域，我国在WTO承诺的基础上，在建筑、环保、运输、体育和商务5个服务部门的26个分部门，向东盟国家做出市场开放承诺，具体包括进一步开放部分服务领域，允许设立独资企业，放宽设立公司的股比限制及允许享受国民待遇等。东盟十国也分别在金融、电信、教育、旅游、建筑、医疗等行业向我国做出市场开放承诺。在投资领域，双方相互给予投资者国民待遇、最惠国待遇和投资公平公正待遇，提高投资相关法律法规的透明度，为双方投资者创造一个自由、便利、透明及公平的投资环境，并提供充分的法律保护，进一步促进投资便利化和逐步自由化。

2013 年，中国国务院总理李克强在第十届中国—东盟博览会开幕式上提出打造升级版中国—东盟自贸区。2014 年 8 月底，中国—东盟自贸区升级版谈判正式启动，并有望在 2015 年完成谈判。中国—东盟自由贸易区的建立，顺应了全球范围内区域经济合作的潮流，是发展中国家南南合作建立自贸区的一个典型代表，对中国和东盟各成员国的经济发展发挥了积极作用。

（一）贸易效应

中国—东盟自由贸易区旨在消除和减少双方之间的关税及非关税壁垒，因而有利于加速成员间货物的自由流通，促进双边贸易额的增长。自 2010 年中国—东盟自由贸易区建成以来，区域内部各成员国之间的关税壁垒逐步清除，预计到 2018 年，中国与东盟所有成员国之间的关税将全部降至零，这对双方的经贸发展都将发挥更大的促进作用。

中国—东盟自由贸易区建成以来，随着贸易壁垒的消除、关税减让（或实行零关税）和非关税壁垒的减少，中国的产品和服务能够以比 WTO 更为优惠的条件进入对方市场，市场竞争力将进一步增强，有利于中国进一步拓宽出口渠道，实现出口市场多元化。另一方面，区域内产品生产成本降低，经济效益和产品竞争力提高，贸易结构改善，促使区域内的专业化分工和资源在比较优势的作用下得到更加合理的利用，由此产生的经济效应将极大地促进区域内外贸易的发展。

2001 年，中国东盟经济合作小组专家利用全球贸易分析模型（GTAP）和可计算一般均衡模型（CGE）分析得出的结论显示，中国—东盟自由贸易区的建立能产生正的贸易创造效应，能拉动中国和东盟的出口总量增长分别为 2.73% 和 0.95%，社会福利增长分别为 17.87 亿美元和 29.86 亿美元。① 此外，东盟秘书处的测算结果同样显示，中国—东盟自由贸易区的建成将促使双方间的贸易进出口额大幅增长，贸易创造效应非常显著（如表 4.1 所示）。

表 4.1　　中国—东盟自贸区关税废除所带来的贸易变动

（单位：百万美元）

	出口（目的地）			进口（来源地）		
	中国	美国	日本	中国	美国	日本
印度尼西亚	2656.09	-209.99	-313.66	1371.60	8.29	-16.76
马来西亚	3207.28	-416.56	-246.27	1456.34	11.17	-1.68
菲律宾	330.80	413.49	39.16	3057.17	-152.88	-266.16
新加坡	3639.18	-321.22	-200.07	643.94	208.02	325.30
泰国	2907.76	-252.78	-271.30	3140.16	-75.46	-342.10
中国	—	-813.34	-511.53	—	-501.03	-832.79

资料来源：转引自 Chia Siow Yue. ASEAN - China Free Trade Area [R]. Paper for presentation at the AEP Conference, April 2004.

从实际数据来看，2002 年中国—东盟自贸区框架协议签订时，双边贸易额仅为 547.7 亿美元，2014 年中国与东盟的贸易额已升至 4803.9 亿美元，年均增幅达 19.8%，超过同期中国进出口年均增速 2 个多百分点（如图 4.1 所示）。中国已经连续 5 年成为东盟的最大贸易伙伴，而东盟也超过日本，连续 4 年为中国的第三大贸易伙伴，仅次于欧盟和美国。

就贸易转移效应而言，综合研究显示，中国与东盟双方之间的贸易转移效应不会很大。这主要是因为中国与东盟各国同属于发展中国家，在产业结构和经济发展水平上属于同一个层次，双方在贸易国别分布上和进出口商品结构上都具有很大的相似性。如在贸易国别的分布上，中

① ASEAN - China Expret Group on Economic Cooperation (October 2001). Forging Closer ASEAN - China Economic Relations in the Twenty - First Century. Jakarta: ASEAN Secretariat.

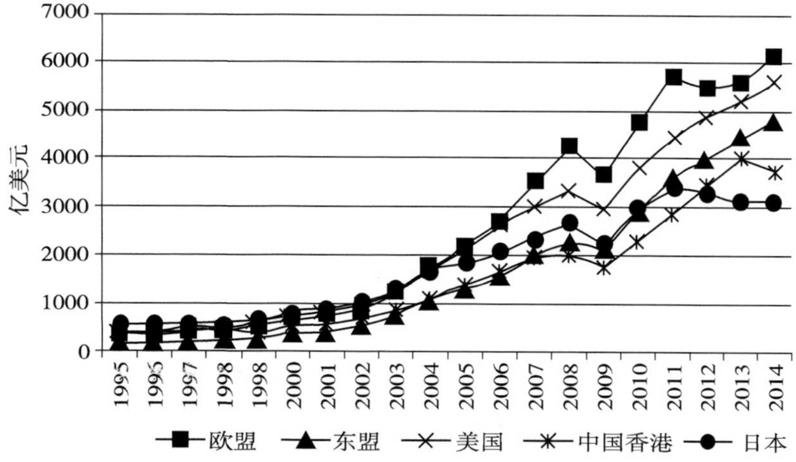

图 4.1 中国与主要贸易伙伴进出口情况

数据来源：中国海关统计。

国的贸易伙伴主要是欧盟、美国、日本、韩国，以及中国的港澳台地区，与这些国家（地区）的贸易总额占中国对外贸易总额的 70% 以上。而这些国家（地区）同样也是东盟成员国重要的贸易伙伴。在进出口商品结构上，中国和东盟则均以向美国、日本、欧盟等发达国家出口初级产品和低附加值的劳动密集型和资源密集型制成品为主，尤其集中于如服装、纺织品、鞋类、日用品、组装类电子产品以及机械设备等产品上，均以从欧、美、日这些发达国家进口高附加值的资本密集型和技术密集型制成品为主。因此，无论是从贸易的国别分布上还是进出口商品结构上看，建立自由贸易区后，中国与东盟双方之间的区内相互贸易都将很难替代各自与区外发达国家间的贸易往来，这就使得双方在建立自由贸易区后仍然可以保持对发达国家产品进出口的刚性。所以，中国—东盟自由贸易区建立后固然会扩大区内的贸易往来，但不会造成很大的贸易转移效应。事实上，这一点从近几年来东盟与主要贸易伙伴的进出口情况中也能够得以印证。自 2010 年中国—东盟自贸区正式建成以来，尽管东盟与中国的进出口额增势较为迅猛，中国跃升为东盟第一大贸易伙伴，但与此同时，东盟与欧盟、日本、美国等其他主要贸易伙伴的进出口额依然保持较好的增长态势，并没有出现明显的贸易替代效应（如图 4.2 所示）。

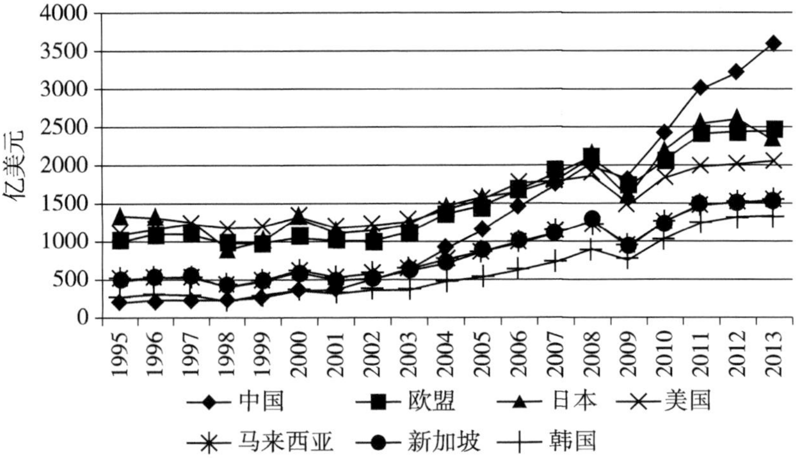

图 4.2 东盟与主要贸易伙伴进出口情况

数据来源：UNCTAD 数据库。

除此之外，中国可以借助东盟的力量开拓更多的出口市场。众所周知，东盟是印度洋通往太平洋的必经之路，也是连接亚洲和大洋洲的重要节点，同时还是东亚通往非洲和欧洲的必经之路，尤其是其中的马六甲海峡、巽他海峡更是极为重要的水道。而新加坡更是世界著名的港口，其转口贸易十分发达，在世界转口贸易市场上占有非常重要的地位。因此中国完全可以借助中国—东盟自由贸易区这一平台，利用国内在生产方面的优势，来积极开拓大洋洲、南亚、中东，甚至欧洲的市场，使中国对外贸易规模进一步扩大。

（二）投资效应

中国—东盟自由贸易区的建立，一方面增强了区域内部宏观环境的稳定性；另一方面，随着资本、熟练劳动力、专业技术人员和技术在成员国之间逐步实现自由流动，阻碍成员国间投资流动与投资项目运行的管制和限制也将得以取消。这些都将促进成员国之间相互投资的增加，即产生区内对区内的投资创造效应。此外，除了由于市场规模的扩大和投资环境的改善所带来的投资量的增加外，为应对由贸易自由化、商品和各类生产要素自由流通所造成的区内同行业竞争加剧的影响，生产厂商迫使选择大规模生产，因此需要大幅增加投资更新设备，从而提升区域内投资量。

东盟秘书处的研究结果显示，自由贸易区启动后，东盟对华实际投资规模将由现在每年的 30 亿美元增加到近 50 亿美元。[①] 国内学者张蕴岭也指出："中国—东盟自贸区可以使东盟向中国的投资增加 48%，也会促进外部对区内的投资以及区内本身的投资，中国对东盟国家的投资也会大大增加。"[②]事实上，2009—2013 年，东盟对中国投资额几乎翻了一番，而中国对东盟投资额则增长了 168%（如图 4.3 所示）。显而易见，中国—东盟自贸区的建成给两地带来的投资效应远远超过预期，对于深化两地产业合作，促进双方经济发展发挥了积极的作用。另外，基于自由贸易区内经济产业结构的整合，东盟成员国某一两个国家的对华投资有所增长，受竞争压力推动，其他成员国也必然要考虑加大对华投资，以维护并扩大其在华的市场份额。与此同时，中国—东盟自由贸易区建立以后，成员国之间进一步取消关税和非关税壁垒，这将使得区外的跨国公司在与区内成员国跨国公司的竞争中处于不利地位。区外跨国公司由于丧失产品竞争优势而被迫向自由贸易区投资，在区内建立工厂，以享受自贸区的各类优惠待遇，保持其在自由贸易区内原有的市场份额。这

---

① 李占卫，李皖南．试析中国—东盟自由贸易区的贸易和投资效应［J］．亚太经济，2004（6）．

② 张蕴岭．中国—东盟自由贸易区的机遇与挑战［J］．亚太经济，2003（3）．

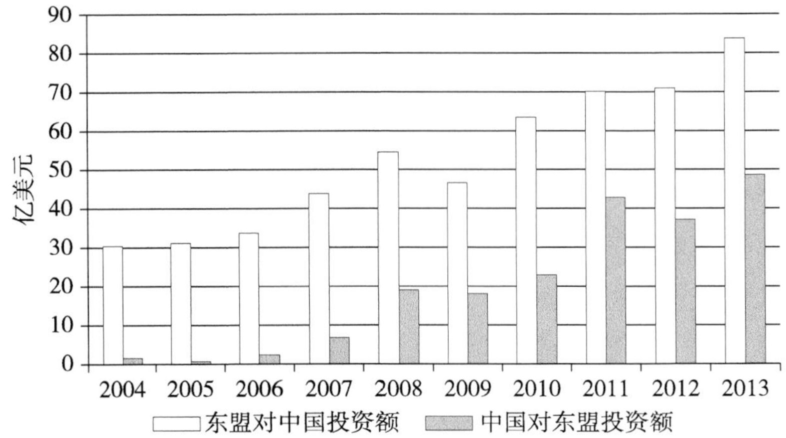

图 4.3 东盟与中国相互投资情况

注：限于数据可得性，此处中国对东盟投资额仅包括中国对印度尼西亚、新加坡、越南和泰国的投资数据。

数据来源：中经数据库。

样的关税差异会促进自由贸易区从区外吸引直接投资。此外，自由贸易区的建立，极大地扩展了中国—东盟市场的地理空间与容量，从而给区内的生产企业直接带来大市场效应、范围经济效益和规模经济效益，使其获得更高的利润，加快区外企业在区内建立生产基地的步伐。中国—东盟这一大市场无疑为企业带来许多跨国经营的机会。因此无论是出于防御性或进攻性动机，区外跨国公司的战略选择都将导致区外对区内的资本流量增加，即产生区外对区内的投资创造效应。

从近年来区外经济体对中国和东盟的投资数据来看，得益于靠近中国的大市场，以及日益完善的投资环境，东盟国家所享有的区外对区内的投资创造效应更为显著。2013 年，区外对东盟投资额已经达到 1206. 0 亿美元，不仅远远超过自贸区建成前 2009 年的引资水平，而且也较此次全球金融危机爆发初期 2007 年的历史高点高出了 40 多个百分点。中国吸收区外投资也基本呈现平稳增长态势，2013 年达到 1155. 6 亿美元，较 2009 年水平提高了近 30 个百分点（如图 4. 4 所示）。

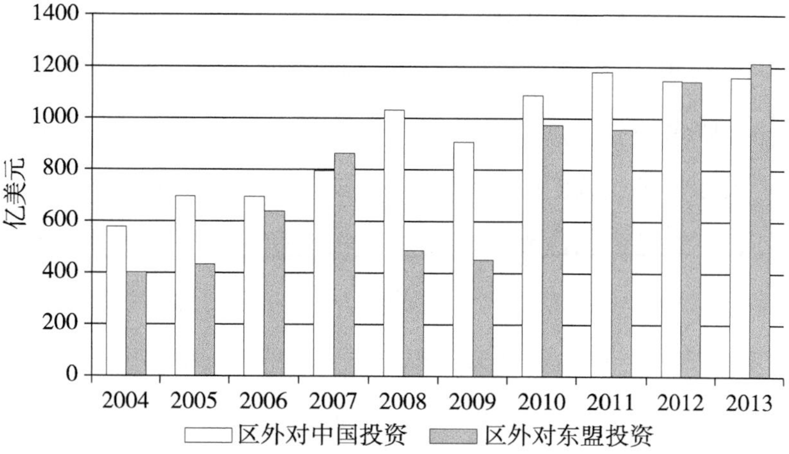

图 4.4 中国和东盟吸收区外投资情况

注：限于数据可得性，在计算过程中中国对东盟投资额仅包括中国对印度尼西亚、新加坡、越南和泰国的投资数据。

数据来源：中国和东盟整体吸收外资数据来自 UNCTAD 数据库；东盟和中国相互投资数据来自中经数据库。

（三）其他经济效应

中国—东盟自由贸易区的合作框架不仅涵盖了双方货物贸易的降税要求，也包含了经济技术合作方面的内容：“农业、信息与通信技术、人力资源开发、投资促进及湄公河流域开发为优先合作部门；其他领域的合作包括但不限于银行、金融、旅游、工业合作、交通、电信、知识产权、环境、生物技术、能源及次区域开发等。”[①]技术进步是提高经济增长率的最关键因素，因此，中国和东盟在经济技术领域合作的加深，将对该地区的经济发展产生重大的促进作用。根据中国—东盟经济合作专家组用 GATP 模型进行的初步测算，建成自由贸易区后，中国和东盟国家的 GDP 均有不同程度的增长。其中，东盟国家的 GDP 增幅为 0.9%，总量增长 54 亿美元；中国的增幅为 0.3%，总量增长 22 亿美元。

① 张琦，杨杰．中国—东盟自由贸易区投资动态效应分析［J］．国际经济合作，2010（8）．

除了经济增长效应，中国—东盟自由贸易区还改善了地区经济环境。在CAFTA协议中，东盟各国承认了中国的完全市场经济地位，明确宣布放弃使用反倾销的替代国定价、特殊保障措施等歧视性做法，为中国企业创造了更加公平和透明的区域贸易环境。

另外，东盟是中国西南省区的主要投资和贸易伙伴，自由贸易区的建立将有力地配合中国西部大开发战略，促进中西部省区的对外开放与合作。特别是中国与东盟国家接壤或相邻的西部省份更是可以从中国与东盟的一体化进程中获益。2010年，与东盟接壤的云南省的对外贸易额增长了66.5%，明显快于其他各省同期的外贸增速。中国—东盟自贸区在促进中国西部地区与东盟各国开展贸易的同时，也会给中国的中西部地区带来大量的外国直接投资，帮助中国中西部地区加快经济发展，纠正中国东西部地区之间的发展不平衡问题。这样，既有利于稳定中国的社会经济结构，也有利于中国经济发展的长期化和持续化。在其他国家与东盟不断推动经济一体化进程的情况下，中国—东盟自由贸易区的建设显得更为重要。

二、中韩自由贸易区

2015年6月1日，中韩两国正式签署自由贸易协定。中韩自贸区一旦建立，不仅会产生巨大的贸易效应，而且会形成显著的投资效应，并通过竞争机制、规模经济效应等对中韩两国经济增长发挥积极的作用。

（一）贸易效应

从理论上讲，当中韩自贸区建立后，对于本来关税就为零的两国产品，不会增大贸易量，也就没有贸易创造的发生。对于一些原本两国关税有差异的产业，由于建立自贸区带来的关税的降低和消除，将会带来该产业在两国间进出口的增加，原本关税水平差异越大，带来的增加效应就越大。总体来看，韩国的平均关税水平要高于中国，因而韩国在自贸区建立后，从中国的进口增加要大于中国从韩国的进口增加，这有助于改善中国对韩国一直存在的贸易逆差。同时，由于中国具有广阔的国内市场，从长期来看，韩国的收益要大于中国的收益。

一些学者（如魏巍，2010）[①] 采用可计算一般均衡模型（CGE）中最常用的全球贸易分析模型（GTAP），对中韩两国构建自贸区的效应进行了模拟研究。模拟结果显示，在农产品和制成品关税壁垒完全消除的情况下，中韩自贸区的成立将使中国的 GDP 和经济福利分别增长 0.4% 和 0.07%。从贸易流量效果来看，中韩自贸区对中韩两国的进出口贸易总额均产生了明显的促进作用。其中，中国出口将增长 3.5% ~3.8%，进口增长 4.7% ~5.0%。由于中国的经济总量规模较大，中韩自贸区对中国的影响程度不及韩国。就中韩自贸区对国家间贸易流量的影响来看，中韩双边贸易将出现增长，而两国对其他国家的出口将下降。其中，中国对韩国出口增加幅度为 142.2 亿美元 ~ 145.5 亿美元，韩国对华出口增加幅度为 139.98 亿美元 ~ 145.01 亿美元。尽管中国和韩国对其他非成员国的出口下降，但两国各自的总出口额却都将趋于增加，中国的总出口额预计增加 132.72 亿美元 ~ 143.21 亿美元，韩国总出口额预计增加 70.85亿美元 ~ 89.38 亿美元。

此外，2005 年韩国对外经济政策研究院（KIEP）的研究结果也显示，在静态模型的方案中，中国对韩国出口增加最多的部门将是农业部门，增长 64.16 亿美元，其次是其他制成品部分，增长 37.35 亿美元，而中国自韩国进口增加最多的部门则将是机械设备部门，增长 81.54 亿美

① 魏巍. 论中韩 FTA 的可行性及其经济效应［J］. 预测，2010（1）.

元，其次是化工、橡胶及塑料制品部门增长70.84亿美元。[①]

（二）投资效应

中韩自由贸易区建成后，区内实行自由贸易，生产要素可以在中韩两国间自由流动，阻碍两国间投资的一些管制和限制措施会逐渐被消除。这将促进中韩之间的相互投资，从而产生FTA区内对区内的投资创造效应。中韩自由贸易区成立以后，中国资源密集型产品和劳动密集型产品向韩国的出口可能增加，相应地，中国资本和技术密集型的工业制成品的进口，也可能逐渐由区外的欧美等国家更多地转向韩国。与此同时，韩国公司由于中国市场对其实行更大幅度的开放，也会增加其在中国的直接投资。

自由贸易区建立以后，由于自由贸易区对成员国实行贸易优惠，对非成员国仍然存在贸易壁垒，非成员国企业为了规避贸易壁垒，往往采用在FTA成员区域内直接投资的方式，取得国民待遇，以维持自己的市场份额。此外，自由贸易区建成后，由于市场规模的扩大，也会吸引区外跨国公司在区内建立生产基地。就此而言，中韩FTA如果建成，区外跨国公司将倾向于利用中韩之间的FTA协定，增加对中韩两国的投资。

一旦缔结中韩自贸区，中韩间的相互直接投资也将大幅增加。研究表明，建立FTA之后，中韩双边直接投资预计将提升14%～21%。而中韩自贸区以外的经济体，为规避贸易转移效应，避免在争夺该区域市场的竞争中处于劣势，往往也会选择直接在中韩两国进行投资。据估计，进入中韩自由贸易区的区外直接投资将增长28%～32%。[②]

---

① 黄鹏，王建新．中韩FTA的效应及谈判可选方案——基于GTAP模型的分析［J］．世界经济研究，2010（6）．

② Hongshik Lee, Hyejoon Im. Economic Effects of a Korea－China FTA and Policy Implications. *KIEP*, 2005.

（三）竞争效应

目前，中国在某些产品上不完全竞争的市场结构仍然存在。在这些市场上，由于缺乏竞争，市场容易陷入高利润率、高价格、低资本周转率、小规模生产的恶性循环中。自由贸易区成立后，中韩两国的国内市场彼此开放，将有助于促进两国市场竞争机制的完善，迫使企业充分利用现有的机器设备，改进生产技术。因此，中韩自由贸易区的建立会带来正的竞争效应。

（四）规模经济效应

中韩自由贸易区建成以后，区域内的关税和非关税壁垒逐渐降低，将加强区域内各成员国间生产要素和产品的自由流动，在成员国间形成新的国际分工和生产经营的专业化，有利于发挥各自的比较优势，提高生产率水平，实现规模经济。规模经济的形成，有利于区内企业对各自的产品结构进行调整，实现生产的合理布局，避免中韩两国在国际市场上的摩擦。

三、中国—海合会自由贸易区

海合会（GCC）是海湾地区的一个区域经济组织，包括沙特阿拉伯、阿联酋、科威特、阿曼、卡塔尔和巴林 6 个成员国。这些成员国是中国石油进口的重要来源地。中国—海湾合作委员会自由贸易区是目前中国还处于拟建阶段的一个自贸区，此项 FTA 自 2005 年启动首轮谈判至今，双方就货物贸易关税减让、技术性贸易壁垒、贸易救济等一系列相关问题进行了细致的磋商和讨论，并取得了积极进展。

（一）贸易效应

中国与海合会国家贸易有较强的互补性，海合会国家具有比较优势的商品主要是矿物燃料和石化产品，而中国具有比较优势的产品主要是机电产品、轻工产品等制成品，因此双方在国际市场上不存在激烈的竞争关系，双边贸易也以产业间贸易为主。正因为双方比较优势差异显著，所以多数利用GTAP等一般均衡模型对中海自贸区收益所做的模拟研究都表明，中海双方都能从自贸区的建立中获得巨大受益。相关实证研究结果显示，中国—海合会自由贸易区建立之后，两个地区的贸易创造效应均为正值。其中，中国将获得102.7632亿美元的贸易创造，而海合会将获得38.0072亿美元的贸易创造。中国获得的贸易创造规模要大于海合会国家，这主要是因为对比之下，中国在一体化之前的关税保护程度相对较高，故降税所带来的贸易扩大效果更为显著。另外，由于海合会是世界出口石油、天然气最多的区域，而中国是世界第二大石油进口国，因此，随着自贸区的建立，中国对海合会的石油与天然气等资源的进口将呈现大幅增长，作为贸易互惠，中国也将会有更多的纺织品、服装以及劳务等出口到海合会。从目前进出口贸易情况来看，中国与海合会的贸易额已经由2001年的123亿美元增至2013年的1770亿美元，表现出较好的增长前景。

总之，中国—海合会自由贸易区的建立可以给双方带来正的贸易创造效应。GTAP模型模拟结果显示，中国—海合会FTA将推动中国进口数量增长0.23个百分点，出口数量增长0.12个百分点，进口金额增长10.23%，出口金额增长10.19%；海合会国家进口数量、出口数量、进口金额、出口金额分别增长0.36%、0.16%、10.36%、10.17%。[①]

（二）投资创造效应

中国—海合会自由贸易区的建立会产生较大的投资效应。首先从区内对区内的投资创造效应来看，中国与海合会国家的要素禀赋互补性很

① 佘莉，杨立强．中国—海合会FTA对双边贸易影响的GTAP模拟分析［J］．亚太经济，2012（6）．

强，双边自由贸易区一旦建成，彼此间的投资障碍将逐步减少，这必然会增加中国与海合会国家之间的相互投资，产生区内对区内的投资创造效应。

其次，从区外对区内的投资创造效应来看，考虑到中国消费市场的巨大潜力，随着中国降低自海合会国家的进口关税水平，以及双方贸易便利化水平的逐步提高，海合会国家对区外外资的吸引力将大大增强，引资行业也将逐步趋于多元化，这不仅有助于改善海合会国家经济结构过分单一的弊病，也会增强其经济增长的动能和可持续性。

（三）规模经济效应

海合会国家是一个拥有 3669.1 万消费者、267.3 万平方公里土地、1.1 万亿美元国内生产总值、约 1 万亿美元贸易总量的经济一体化组织。中国与海合会结成自由贸易区之后，可以把海合会和中国两个市场结合成一个更大的市场。这将为企业摆脱市场规模的限制提供有利条件，可以更好地发挥规模经济效应。

中国—海合会自由贸易区产生的规模经济主要来自于以下两个方面：一是市场扩张效应。随着市场规模的扩大，规模经济产生，生产和技术效率会提高，价格降低，产量增加，市场进一步扩张。二是分工效应。自由贸易区建立之后，各国会集中资源生产自己的优势产品，生产更加专业化，有利于提高生产效率，增加利润，提高投资回报率。

（四）竞争效应

中国—海合会自由贸易区的建立，会加剧区域内某些行业的竞争，打破垄断经营的局面，使产品价格下降，消费者福利增加，从而带来正的竞争效应。但是，由于中国与海合会国家在比较优势上具有明显的差异，双方经济具有很强的互补性，中国仅与海合会的成员国巴林在贱金属及其制品行业具有竞争关系，因此，从竞争效应角度看，中国—海合会自由贸易区所产生的企业竞争作用将是十分有限的。

（五）福利效应

实证研究显示，随着中国—海合会自由贸易区的建立，中国和海合会的 GDP 都将增长，涨幅分别为 0.53% 和 1.24%。对中国而言，虽然能源进口关税下降会带来 GDP 收入的减少，但是能源的优惠进口将减少外汇支付，并且国内各产业部门的生产都将得以保证，工业制造业整体竞争力也会随着能源价格的下降得到进一步提升，进而在更大程度上推动 GDP 的增长。这也说明，中国—海合会自由贸易区的建立，对于保证中国能源安全，实现中国稳增长、调结构的经济目标具有重要意义。

GTAP 模型结果表明，就福利水平而言，中国与海合会的社会福利将分别增长 7.5992 亿美元和 11.521 亿美元。不论是 GDP 还是社会福利，中国、海合会两地都实现了双增长，尤其是海合会，与作为发展中大国的中国建立自由贸易区，将显著改善其 GDP 和国民福利水平。①

四、中国—新西兰自贸区

中国—新西兰自由贸易协定是我国与发达国家签署的第一个自由贸易协定，不仅为两国经贸合作提供了制度保障，也拉开了我国构建面向全球自由贸易区网络的序幕。2015 年 3 月底，中国—新西兰自贸区联委会第六次会议同意启动中新自贸区升级谈判联合评估机制，中新自贸协定将向更加全面、更高质量的自由贸易协定迈进。中新自贸协定自 2008 年 10 月正式实施以来，两国间的货物贸易关税逐步降低，服务贸易市场进一步开放，投资环境更加规范透明，对于促进两国经贸合作发挥了积极的作用。

---

① 安文雯．中国—海合会自由贸易区经济效应研究［D］．重庆：重庆大学硕士学位论文，2012.

（一）贸易效应

中新自贸协定实施以来，由于市场准入条件的降低，我国的一些资源型初级产品生产被新西兰具有比较优势的产品进口所替代，带来贸易创造效应。从具体数据来看，2008 年以来，中国与新西兰双边进出口增速每年都快于中国整体进出口增速，2013 年更是高出了 20 个百分点，显示出较快的增长势头。中国也由新西兰第三大贸易伙伴国晋升为第一大贸易伙伴国。两国提前实现 2015 年双边贸易额达到 200 亿新元的目标。此外，2008 年之前，中国对新西兰仍保持一定的贸易顺差，然而中新自贸协定实施以来，中国对新西兰的贸易赤字就呈现不断扩大态势，凸显出自贸协定对中国自新西兰进口产生了巨大的贸易创造效应（如图 4.5 所示）。根据新西兰贸易发展局的统计，2013 年新西兰对中国的出口商品中，增幅最大的是肉类，同比增长 113.9%，其次为出口量最大的乳制品，增幅达 78.80%。英国广播公司（BBC）2015 年也有报道称，中新自贸区建成以来，新西兰对中国的乳制品出口增长了十倍，目前出口额达到了 50 亿澳元。

就贸易转移效应而言，考虑到协议签署之前新西兰已经是我国农产品、畜牧产品等初级产品的主要进口来源国，而且这些产品的需求弹性相对较小，所以中新自贸协定带来的贸易转移效应相对有限。从具体数据来看，2008—2013 年，新西兰与其他主要贸易伙伴的进出口规模基本呈现平稳增长的态势，只有与澳大利亚的进出口额自 2012 年起略有下滑，但澳大利亚依然维持着新西兰第二大贸易伙伴的地位。

另有相关实证研究也显示，中国和新西兰签订 FTA 之后的总进口需求弹性和区域内进口需求弹性都大于签订之前，两国均存在净贸易创造；两国的区域外进口弹性不小于签订之前，两国的净贸易转移效应不是很

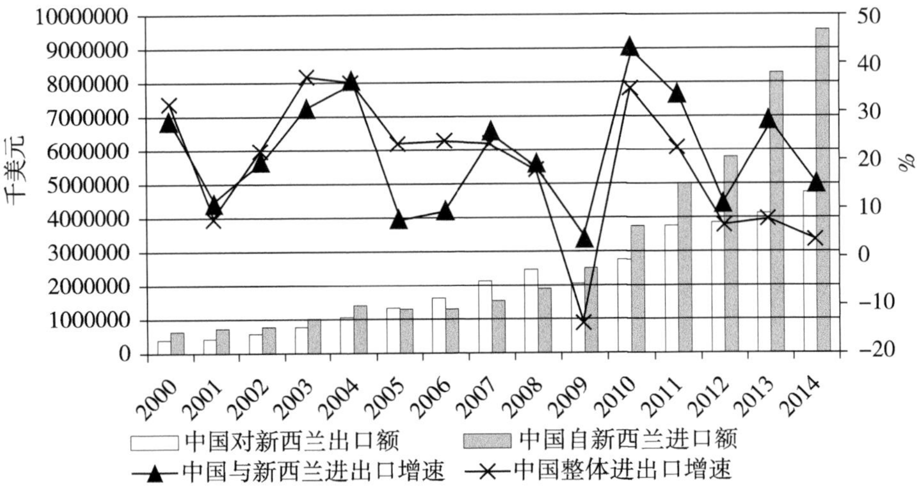

图 4.5 中国与新西兰双边贸易情况

数据来源：中经数据库。

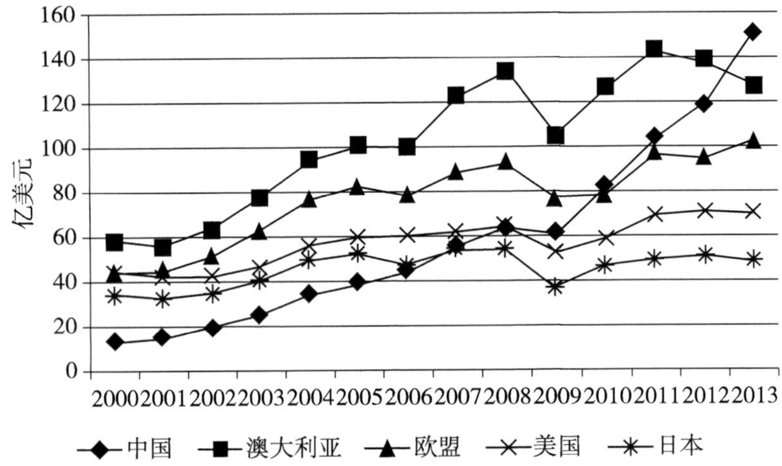

图 4.6 新西兰与主要贸易伙伴进出口情况

数据来源：UNCTAD。

明显。①

① 姬艳洁，董秘刚．基于巴拉萨模型的中国新西兰 FTA 贸易效应研究［J］．亚太经济，2012（6）．

（二）投资效应

伴随着中新自贸区的成立，中新两国在投资管理、经营、收益或处置等方面都给予对方不低于其本国投资享受的待遇，并确保对方享受的待遇不低于相同条件下任何第三国得到的待遇，有助于增加中新两国的相互投资。2008—2013 年，中国在新西兰的投资存量由 6965 万美元增至 54173 万美元，增长了近 7 倍（如图 4.7 所示）。

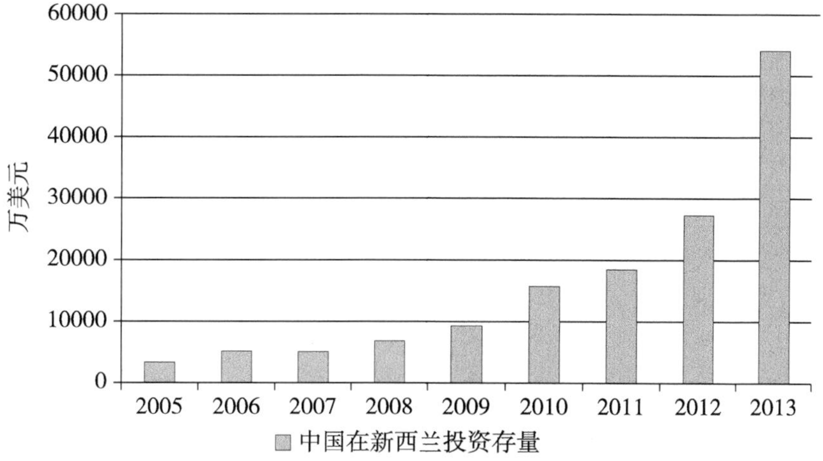

图 4.7 中国在新西兰投资存量

数据来源：中经数据库。

（三）其他效应

第一，中新自贸区的成立不仅推动了两国的经贸交流日益密切，也促使两国的人员往来更加频繁。新西兰旅游局统计数据显示，2013 年中国入境新西兰的游客人数达到 22.9 万人次，同比增长 16.2%。自 2012 年起，中国已稳居新西兰第二大入境旅游客源国，同时中国游客在新西兰境内的消费总额也位居第二。[①] 中国游客的增长带动了当地第三产业的

---

① 数据来源：缪琦．中新自贸区目标有望提前达成［N］．第一财经日报，2014－03－20.

发展和就业，对于促进新西兰经济增长发挥了积极的作用。

第二，随着中国对新西兰逐步提高市场开放水平，新西兰优质产品和企业进出中国市场，以竞争效应刺激国内部分产业发展。以乳制品业为例，新西兰的乳制品具有较强的市场竞争力，因此也一度成为中新两国签署自由贸易协议的主要障碍。然而新西兰乳制品的进入，不仅没有击垮国内的乳制品行业，反而通过不断引进新西兰的先进技术和管理经验、营销模式等带动了国内奶牛乳制品行业的整体升级发展。

第三，新西兰作为第一个与我国签订自由贸易协定的发达国家，中新自由贸易协定的签署对于今后我国与其他发达经济体签署自由贸易协定起到了良好的示范和借鉴作用。

五、《内地与香港关于建立更紧密经贸关系的安排》（CEPA）

《内地与香港关于建立更紧密经贸关系的安排》（CEPA）是我国迄今开放力度最大、开放程度最高的一个自由贸易协议。目前，《补充协议十》和《关于内地在广东与香港基本实现服务贸易自由化的协议》均已生效，内地与香港的贸易壁垒大大消除，人员往来更为便利，带动两地经贸往来日益密切。

（一）贸易效应

内地和香港签订 CEPA 以来，随着双方关税水平的逐步降低以及贸易便利化水平的不断提升，两地进出口贸易总体保持较快增长态势。2003—2013 年，香港与内地进出口额由 1965. 3 亿美元增至 5908. 4 亿美元，占香港整体进出口的比重也由 42. 5% 提升至 51. 0%，显示出较强的贸易创造效应（如图 4. 8 所示）。截至 2014 年年底，自 2004 年 CEPA 实施以来，已累计有 84. 7 亿美元受惠货物进入内地，关税优惠 46. 7 亿元人民币。①

与此同时，香港与其他主要贸易伙伴的进出口额不仅没有出现明显下降的趋势，年均增速反而有所提升。数据显示，1995—2003 年，香港与欧盟、美国、日本和台湾地区进出口年均增速分别为 1.1%、0.3%、0.1%和0.1%，而在 2003—2013 年期间，其年均增速则分别增至6.5%、4.4%、4.9%和9.2%，提升趋势显著（如图 4.8 所示）。可以看到，内地与香港更紧密的经贸联系不仅没有带来贸易转移，反而刺激了香港与其他贸易伙伴的经贸往来，使得香港国际贸易中心的地位更加突出。相关实证分析也显示，CEPA 对中国内地和香港均具有一定的贸易创造效应，并不存在贸易转移效应的证据，因而总体上提高了两地的福利水平。②

CEPA 除了带动两地货物贸易持续稳步增长以外，也随着内地服务业市场优先对香港开放而促进两地服务贸易发展。在 2010—2012 年期间，香港服务提供商在内地设立的企业，获得累计约 2560 亿元港币的业务收益。同期，香港公司因 CEPA 而在香港获得的累计业务收益达 1380 亿元港币。③ 商务部公布数据显示，截至 2013 年 3 月底，香港工贸署共签发香港服务提供者证明书 2658 份，其中运输服务及物流服务共签发证明书 1292 份，占核发总数的 48.6%。香港共有 210 家银行开办人民币业务，香港人民币存款总额 6680.58 亿元。截至 2012 年 12 月底，内地共注册香港个体工商户 4711 户，从业人员 13225 人，资金数额 4.16 亿元。对于内地而言，内

① 数据来源：杜海涛. 港澳 CEPA 受惠货物超 85 亿美元［N］. 人民日报，2015-02-06.

② 席艳乐，陈小鸿. CEPA 对中国内地和香港贸易效应的实证研究——基于倍差和泊松极大似然估计的方法［J］. 经济问题探索，2014（11）.

③ 数据来源：共同推进内地与香港服务贸易自由化. 成报网 www.singpao.com.

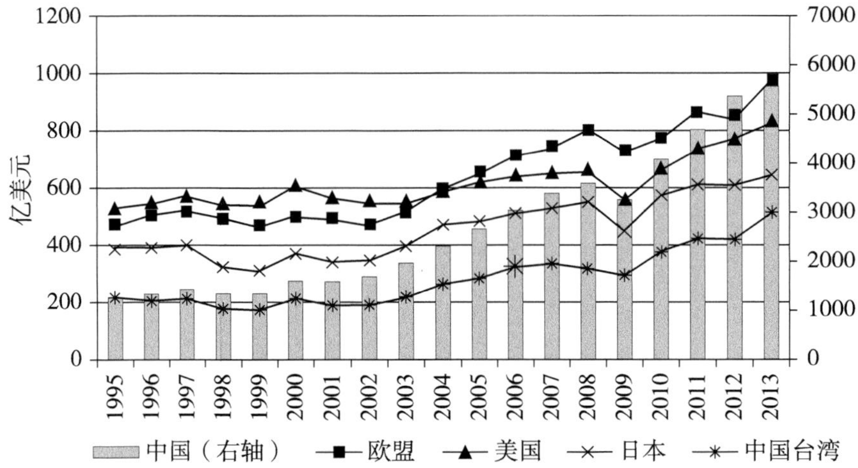

图4.8 香港与主要贸易伙伴进出口额

数据来源：UNCTAD数据库。

地对香港服务业的进一步开放也吸引了大量香港优秀的专业服务人才，为提升内地服务业整体竞争力发挥了积极的作用。

（二）投资效应

CEPA对直接投资的推动主要在于内地对香港逐步放开经营权，降低市场准入门槛。香港一直都是内地利用外资的重要来源地，CEPA签署以来，香港对内地直接投资额占内地利用外资的比重由2004年的31.3%上升为2013年的62.4%，增幅显著。与此同时，CEPA签署以来，两地资金往来已经由以港资流入内地为主转向两地资本双向流动，平衡发展。内地对香港投资大幅增长，2004—2013年，内地对香港直接投资净额由26.3亿美元增至628.2亿美元，年均增幅达42.3%（如图4.9所示）。另外，香港政府统计处数据显示，2002年内地企业在香港投资存量为5946亿港元，2011年达30428亿港元。截至2012年年底，内地在香港累计投资超过3000亿美元，占内地对外投资总额的60%以上，投资香港的中资企业达3375家，总资产规模突破10万亿港元，净资产3.3万亿港元，资产存量已超过香港投资内地的企业资产存量。

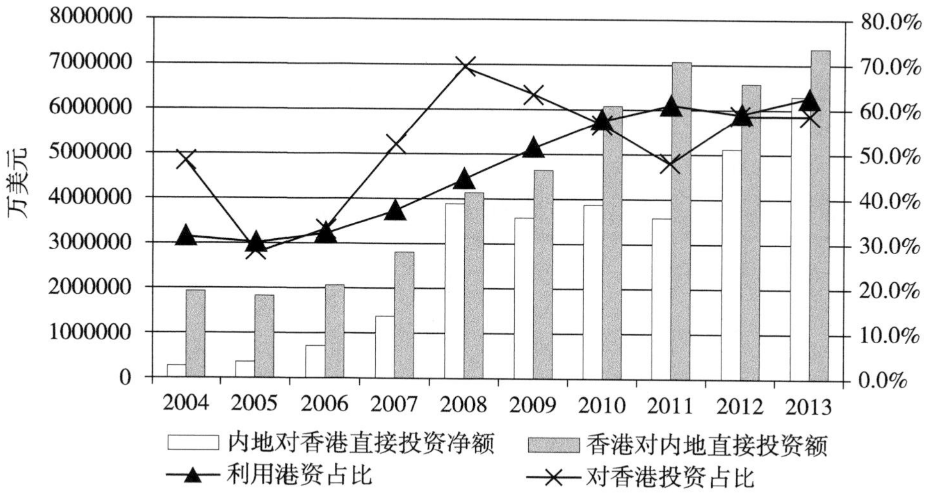

图 4.9 香港与内地相互投资情况

数据来源：中经数据库。

（三）其他经济效应

第一，CEPA 除了通过降低关税、促进两地贸易投资便利化、加快两地经贸发展以外，其框架下的“自由行”政策对香港经济发展也起到了积极的推动作用，香港旅游产业发展成为香港四大经济支柱产业之一。商务部公布数据显示，2003 年 7 月至 2013 年 3 月底，内地赴港“个人游”旅客累计达 1.08 亿人次，占内地赴港旅客的 57%（同期内地赴港旅客为 1.90 亿人次）。香港特区政府发布的《香港承受及接待旅客能力评估报告》显示，自由行在 2012 年直接为香港带来相当于本地生产总值 1.3% 的增加值，创造了超过 11 万个就业岗位。① 统计数据显示，截至 2013 年年底，内地居民赴港个人游给香港带来约 577 亿美元的直接旅游收入②，同时带动和促进了零售、酒店、餐饮等众多其他行业的发展，为香港经济发展提供了直接的推

① 张敏东，等 . CEPA 的实施为香港旅游业带来黄金十年 . 中国新闻网，2014 - 03 - 10.

② 数据来源：李自明 . CEPA 个人游惠港［N］. 香港文汇报，2015 - 03 - 11.

动力。

第二，CEPA 的签署使得两地经贸合作走上制度化轨道，CEPA 也成为深化内地与香港经贸合作的重要政策平台以及内地新一轮对外开放的试验田。从中国目前签署的一系列自由贸易协定来看，CEPA 的开放力度最大，准入门槛最低，同时享受最惠待遇，今后中国与其他国家和地区签署的自由贸易协定中，优于 CEPA 的开放措施均将适用于港澳。这一方面为内地敏感领域对外开放提供了一条缓冲带，另一方面也为两岸加快经贸合作制度化进程提供了良好的示范效应。作为世界上最受关注的大市场，不论是开放时间还是开放领域，都赋予香港优先权，这对于香港经济发展而言就是最大的利好，有利于促进香港经济繁荣稳定。而借助香港这一对外开放的窗口，也有助于内地更好地对接世界，实现更大的对外开放红利。

第五章　中国自由贸易区战略的影响因素与推进建议

第一节　中国自由贸易区战略的影响因素

加快实施自由贸易区（FTA）战略，是新时期我国顺应全球区域经济一体化趋势、进一步扩大对外开放的一项重要举措。我国自由贸易区战略能否顺利实施，主要取决于以下因素：

一、新时期中国经济转型升级水平

2012 年以来，中国经济进入“新常态”，即经济增长速度从过去的高速增长转变为中高速增长；经济结构开始逐步调整、优化升级；经济发展动力从过去依赖劳动力、土地和投资等要素驱动，转变为更多地依靠创新驱动。在“新常态”下，我国实施自由贸易区战略，与 FTA 伙伴国共同实现货物贸易自由化、服务贸易自由化、投资便利化等，必须以良好的本国经济发展作为支撑。“十二五”期间，我国宏观经济政策着力于“稳增长、调结构”，由于资源环境压力日增、劳动力供给进入“刘易斯拐点”，我国必须调整经济结构，大力发展第三产业，促进经济转型升级，以保持经济可持续发展。其中，结构调整不仅涉及产业结构、质量结构，而且涉及区域结构等诸多方面。我国进行结构调整、转型升级的主要目的，在于改善经济质量，创造自有品牌，提高服务业和战略性新兴产业在国民经济中所占的比重，改变过去单纯依靠低端制造业的局面。未来数年，自由贸易区谈判将更多地涉及服务业开放和投资准入，如果我国经济顺利实现转型升级，那么未来在FTA谈判中，我方就会有更大的回旋余地和出要价可能。因此，我国经济转型升级水平，将直接影响我国自由贸易区战略的实施。

二、国内产业竞争力的提高程度

以自由贸易区（FTA）为代表的区域经济一体化发展至今，日益趋向“高水平”开放。特别是同样拟于2015年完成谈判并达成协定的TPP和RCEP，谈判的指导原则和宗旨都强调要“全面”（Comprehensive）、“高质量”（High Quality）或“高标准”（High Standard）。从世界各国近些年实际签署生效的一些FTA协定内容看，无论双边FTA还是诸边FTA，也的确多数都要求各自对90%以上税目的进口产品实施零关税。面对如此高标准的开放，各国唯有切实提高自己国内的产业竞争力，才可能承诺相应条件、开放本国市场。我国加快实施自由贸易区战略，最根本的支撑来自产业竞争力。产业竞争力强，自由贸易区谈判就游刃有余，反之，则捉襟见肘。

改革开放三十多年来，我国逐步发展成为全球制造业规模最大的国家。然而，由于缺少核心技术和自有品牌，我国制造业在全球价值链（GVC）中仍处于低端，加之劳动力成本等传统比较优势趋于下降，我国制造业也面临如何打造形成新的竞争优势以增强竞争力、提升国际分工地位的问题。此外，提高我国农业和服务业的竞争力更是任务艰巨，因为我国服务贸易长期逆差，农业竞争力稍欠。综合来看，今后我国能否顺利推进自由贸易区战略，还取决于国内产业竞争力的提高程度。

三、重要领域深化体制改革效果

TPP 和 TTIP（“跨大西洋贸易与投资协定”，即 Trans – Atlantic Trade and Investment Partnership Agreement）等大型 FTA 的出现，表明美国等发达经济体正在借助区域经济合作平台，构建新一代贸易投资规则。这些区别于传统的新一代贸易投资规则，主要有三个突出特点：一是重在突破服务贸易和投资的市场准入，即服务贸易方面，要求在数据跨境自由流动、自然人移动等一些非传统领域扩大市场准入；投资方面，要求东道国给予外资“准入前国民待遇”，实现“负面清单”管理。二是从边界措施延伸至边界后措施，即不仅要求谈判成员承诺边界开放，而且要求成员修改或重新制定适应新一代国际规则的国内管理措施，如国有企业、竞争政策、劳工标准、环境标准等。三是强调“市场至上”和“无差别待遇”，即倡导“竞争性自由化”和“对等开放”，不允许例外、不允许实行差别待遇。

尽管我国目前参与的自由贸易区尚未涉及边界内措施，但双边投资协定已有不少承诺在“准入前国民待遇”和“负面清单”基础上展开谈判，而且新一代贸易投资规则亦是大势所趋。鉴于此，我国加快实施自由贸易区战略，必须辅之以内部体制改革的全面深化。可以预见，未来一段时期，一些重要领域（如行政管理体制、投融资体制、财税体制、金融体制等）的改革效果，将成为我国推进自由贸易区战略的重要制约因素。

四、区域经济一体化的国际环境

作为区域经济合作的一种形式，自由贸易区建设离不开外部国际环境。首先是国际经济环境。2008年至今，受全球金融危机、欧洲主权债务危机等因素影响，欧美等国际传统市场需求萎缩，国际贸易增长趋缓。据统计，2012—2014年，国际贸易年平均增速为2.3%～3%，与危机前20年国际贸易年平均增速6.8%相比，下降了60%左右。[①]如果世界经济和国际贸易长期处于缓慢增长态势，那么中国自由贸易区战略的推进难免遭遇阻力，因为历史经验证明，宏观经济不景气的情况下，各国往往无暇顾及地区经济合作，FTA谈判伙伴内部的各种行业组织也会趋于保守。

其次是国际政治环境包括地区环境。政治是经济的保障，在构建自由贸易区网络过程中，良好的国际和地区政治局势以及良好的双边关系，是各成员谈判FTA至关重要的前提。未来中国以“互利共赢”开放理念推进自由贸易区战略，和平发展的国际环境不可或缺。

第二节　中国自由贸易区战略的推进建议

一、统筹发展国际“自由贸易区”（FTA）和国内“自由贸易试验区”（FTZ），通过FTA扩大开放，借助FTZ深化改革

2013年9月以来，随着中国（上海）自由贸易试验区（China (Shang hai) Pilot Free Trade Zone）的挂牌成立，国内掀起一股“自贸区热”。本书理论部分已经说明，自由贸易区（FTA）的签署主体是主权国家或单独关税区，由于中国（上海）自由贸易试验区的性质是我国境内

① 数据来自联合国贸发会议报告：UNCTAD, Trade and Development Report 2014, http://unctad.org/en/PublicationsLibrary/tdr2014 en. pdf.

的部分关税领土而非单独关税区，因此，在我国关境之内，为深化改革开放、试行特殊政策措施而设立的类似区域，严格来讲应该属于国内“自由贸易园区”（FTZ）范畴，而不能简单称之为“自贸区”，以避免混淆于国际“自由贸易区”（FTA）。

中国（上海）自由贸易试验区（FTZ）是新形势下我国为全面深化改革、提高开放水平而设立的一个制度创新试点，是我国新一轮改革开放的试验田，其核心在于转变政府职能，探索新的管理模式（如外资管理采用“准入前国民待遇 + 负面清单”模式）。该试验区在海关监管、外资管理、服务业特别是金融开放等方面的创新，有利于我国推动国内规制改革、适应新一代贸易投资规则、促进贸易和投资便利化。就此而言，FTZ 与 FTA 尽管概念不同，但仍然存在内在联系。二者相辅相成，都是为了全面深化改革、扩大对外开放，只不过 FTA 侧重边界措施和对外开放，而 FTZ 侧重边界内措施和推进国内改革。

2014 年 12 月，继上海之后，国务院又批准设立了中国（广东）自由贸易试验区、中国（福建）自由贸易试验区和中国（天津）自由贸易试验区。2015 年 3 月，这三个新增自由贸易试验区的总体方案获得通过，将与中国（上海）自由贸易试验区一起在 2015 年使用同一张负面清单。

鉴于 FTA 和 FTZ 双轨并进的态势，我国今后推进自由贸易区战略，需要统筹发展已经设立的这些国内自由贸易试验区（FTZ）和正在对外商谈构建的自由贸易区（FTA）。一方面，我国需要积极推进国际自贸区协议（FTA）谈判，积累新议题经验，以开放促改革、促创新；另一方面，必须同时理顺国内试验区与国际自贸区的关系，依托前者推进改革，对部分新规则进行先行先试，依托后者扩大开放，积累谈判经验。唯其如此，我国才能在自贸区战略推进的过程中，使二者彼此衔接，提高我国对国际新规则的适应度。

二、建立 FTA 评估机制，夯实已生效 FTA，同时加大宣传力度，提高 FTA 利用率

我国 FTA 从无到有，目前已遍布东亚、南亚、拉美和欧洲。未来推进自由贸易区战略，必须首先夯实已经签署并实施的十余个 FTA。为此，我国应建立 FTA 评估机制，动态跟踪各个 FTA 协定的实际执行情况，综合评价已生效 FTA 的实施效果。以 CEPA 为例，内地与港澳签署的 CEPA 截至目前已有十个补充协议，其开放力度深入到内地省份，开放程度堪称最高。如 CEPA《补充协议八》规定，在上海市、重庆市、广东省、福建省、海南省基础上，允许香港服务提供者在内地所有直辖市及省会城市以独资形式设立医院；CEPA《补充协议十》亦在多个服务部门细项类别中规定，允许香港服务提供者雇用的合同服务提供者以自然人流动的方式在内地提供本部门或分部门分类项下的服务。然而，整套 CEPA 及其补充协议在实际推行过程中，究竟利用率如何、效果如何、企业有哪些意见和建议，不得而知。笔者曾于 2006 年参与一项简单调查，不少企业抱怨 CEPA“大门开了，小门没开”，但具体哪些小门没开，还需要相关部门结合 CEPA 补充协议的层层递进而动态跟踪、深入调研。

2009 年年底，商务部国际司联合中国社会科学院进行了一项企业利用 FTA 情况的问卷调查。结果显示，我国 FTA 的企业利用率总体偏低。在当时已经签署实施的各项 FTA 中，内地与港澳 CEPA 和中国—东盟自由贸易协定（CAFTA）的企业利用率相对较高，已经利用和计划利用的企业比率 CEPA 分别是 16.3% 和 20%，CAFTA 分别是 16.3% 和 19%。其他 FTA 无论实际利用率还是计划利用率均低于 10%。这种状况相较于北美自由贸易区 80% 左右的特惠利用率而言，差距非常大，究其原因，我

国企业“缺乏FTA信息”位列所有影响因素之首。[①] FTA虽然是由政府出面商谈和签署，但内容处处涉及企业利益，如果鲜有企业了解和落实已签署生效的FTA，那么这些由政府费时费力谈成的FTA就形同虚设。因此，未来我国推进自由贸易区战略，除了在事前进行即将开展的FTA可行性研究之外，还应高度重视事后的落实与评估，在此过程中，一定要加大针对企业的宣传力度，提高FTA企业利用率。

三、完善现有FTA布局，积极拓展“一带一路”框架下的自由贸易协定

我国自2007年提出要实施自由贸易区战略至今，FTA布局并未充分体现系统性和规划性。尽管遵循了“周边是首要，大国是关键，发展中国家是基础”的外交理念，但总体来看，由于缺乏战略设计，FTA在实践上出现“散点”局面，当其他大国的FTA战略稳步发展或出现类似TPP的新平台时，我们的FTA布局难免陷入被动。为此，我国今后加快实施自由贸易区战略过程中，应加强顶层设计，注重战略规划、系统推进。

2013年9月和10月，国家主席习近平在出访中亚和东南亚国家期间，先后提出共建“丝绸之路经济带”和“21世纪海上丝绸之路”（简称“一带一路”）的重大倡议。2015年3月28日，国家发展和改革委员会、外交部、商务部联合发布了《推动共建丝绸之路经济带和21世纪海上丝绸之路的愿景与行动》。该文指出，共建“一带一路”致力于亚欧非大陆及附近海洋的互联互通，建立和加强沿线各国互联互通伙伴关系，构建全方位、多层次、复合型的互联互通网络，实现沿线各国多元、自

① 参见王玉主，沈铭辉．中国—东盟FTA的实施效果研究［J］．国际经济合作，2010（9）．

主、平衡、可持续的发展；“一带一路”贯穿亚欧非大陆，一头是活跃的东亚经济圈，一头是发达的欧洲经济圈，中间广大腹地国家经济发展潜力巨大。丝绸之路经济带重点畅通中国经中亚、俄罗斯至欧洲（波罗的海），中国经中亚、西亚至波斯湾、地中海，中国至东南亚、南亚、印度洋。21 世纪海上丝绸之路重点方向是从中国沿海港口过南海到印度洋并延伸至欧洲，从中国沿海港口过南海到南太平洋。[①]

《推动共建丝绸之路经济带和 21 世纪海上丝绸之路的愿景与行动》明确列出了“一带一路”的合作重点，其中之一就是“贸易畅通”。该文强调，投资贸易合作是“一带一路”建设的重点内容，宜着力研究解决投资贸易便利化问题，消除投资和贸易壁垒，构建区域内和各国良好的营商环境，积极同沿线国家和地区共同商建自由贸易区，激发释放合作潜力，做大做好合作“蛋糕”。由此可见，未来我国推进自由贸易区战略，一方面要完善现有 FTA 布局，如继续深化 CEPA 内容，在中国—东盟自由贸易区升级版谈判中进行更高水平、更大范围的开放，在中韩 FTA 之后尽快推进中日韩 FTA 等；另一方面，必须依托“一带一路”的战略规划，认真、系统地设计我国 FTA 未来拓展范围和层次，坚持互利共赢开放理念，积极与沿线国家（地区）商签自由贸易协定，实现贸易投资便利化，力求在互利互惠基础上构建我国“一带一路”框架下的 FTA 网络。

---

① 资料来源：中央政府门户网站：www. gov. cn.

主要参考文献

［1］邝梅．东亚 FTA 格局与中国战略选择［J］．东北亚论坛，2015（1）．

［2］沈陈．从 TTP 看亚太兼容性合作与中国战略选择［J］．东南亚南亚研究，2014（2）．

［3］庄芮，杨亚琢，王悦媛．APEC 与 TPP 的路径比较与中国策略分析［J］．亚太经济，2014（2）．

［4］毕世鸿．RCEP：东盟主导东亚地区经济合作的战略选择［J］．亚太经济，2014（6）．

［5］孙阁斐．中国自由贸易区战略分析研究［J］．商业时代，2014（11）．

［6］季剑军．中国参与亚太区域一体化的两种路径选择［J］．对外经贸实务，2013（1）．

［7］张蕴岭．中国参与和推动东北亚区域经济合作的战略［J］．东北亚论坛，2013（1）．

［8］陈淑梅，全毅．TPP、RECP 谈判与亚太经济一体化进程［J］．亚太经济，2013（2）．

［9］贺平，沈陈．RCEP 与中国的亚太 FTA 战略［J］．国际问题研究，2013（3）．

[10] 李惠茹，张鹏杨．“10+6”区域服务贸易合作发展的特征及前景分析［J］．河北大学学报（哲学社会科学版），2013（3）．

[11] 张海琦，李光辉．TPP背景下中国参与东亚区域经济合作的建议［J］．国际经济合作，2013（3）．

[12] 周士新．亚太地区经济合作的路径选择［J］．国际经济合作，2013（3）．

[13] 敖丽红，等．关于中日韩自贸区建设的理论与实证分析［J］．东北亚论坛，2013（4）．

[14] 宫占奎．亚太地区FTA整合问题研究［J］．南开学报（哲学社会科学版），2013（4）．

[15] 刘岩．中国潜在自由贸易伙伴的战略选择：基于贸易效应的局部均衡分析［J］．国际商务——对外经贸大学学报，2013（4）．

[16] 宋玉华，张海燕．中国FTA战略面临的挑战及中欧FTA的地位研究［J］．南开学报（哲学社会科学版），2013（4）．

[17] 李玉举．中国双边自由贸易区建设的进展、成效及意见［J］．国际经济合作，2013（4）．

[18] 王玉主，富景筠．当前亚太区域合作形势分析［J］．亚太经济，2013（4）．

[19] 汪占熬，陈小倩．亚太区域经济一体化的走势及我国对策［J］．经济纵横，2013（4）．

[20] 汤婧．TPP与RCEP：中国在亚太区域经济整合新秩序下的挑战与策略［J］．全球化，2013（6）．

[21] 荆林波，袁平红．中国加快实施自由贸易区战略研究［J］．国际贸易，2013（7）．

[22] 庄芮，郑学党．中日韩FTA货物贸易谈判策略研究——基于日

韩产品在中国市场的贸易竞争关系分析［J］．国际经贸探索，2013（7）．

［23］赵丽娜．区域经济一体化新发展及中国的战略选择［J］．理论学刊，2013（11）．

［24］范斯聪．北美自由贸易区的发展过程及其政治解读［J］．江汉论坛，2013（12）．

［25］竺彩华．亚太区域合作新变化及其对中国的启示［J］．国际经济合作，2012（2）．

［26］李荣林，赵滨元．中国当前 FTA 贸易效应分析与比较［J］．亚太经济，2012（3）．

［27］方笑君，孙宇．新时期亚太经济一体化进程分析［J］．国际贸易，2012（4）．

［28］严卫京．中国自由贸易区建设现状与对策［J］．国际经济合作，2012（4）．

［29］刘重力，杨宏．美国重返亚洲对中国东亚地区 FTA 战略的影响——基于 TPP 合作视角的分析［J］．东北亚论坛，2012（5）．

［30］杨勇．亚太区域一体化新特征与中国的策略选择［J］．亚太经济，2012（5）．

［31］庄芮．亚太区域经济合作下的中国 FTA 战略［J］．国家行政学院学报，2012（6）．

［32］汤碧．基于包容性增长的中国参与国际区域经济合作战略［J］．求索，2012（8）．

［33］祝滨滨．后危机时期东北亚区域经济合作制度化建设的几点思考［J］．经济纵横，2012（8）．

［34］刘均胜，沈铭辉．亚太区域合作制度的演进：大国竞争的视角

［J］．太平洋学报，2012（9）．

［35］苑春强，张茂荣．中国—东盟自由贸易区的进展、问题及其与ECFA的互动［J］．亚太经济，2011（1）．

［36］沈铭辉．中日韩自贸区的经济学分析［J］．国际经济合作，2011（3）．

［37］宫占奎，于晓燕．国际区域经济一体化进程与中国［J］．东北亚论坛，2011（4）．

［38］兰天（加拿大）．北美自由贸易区经济效应研究［D］．吉林大学博士学位论文，2011.

［39］尹翔硕，郎永峰．中国与FTA伙伴国/地区贸易密集度及互补性分析［J］．南开学报（哲学社会科学版），2011（4）．

［40］庄芮．香港在中国自由贸易区战略中的地位和作用［J］．国际经济合作，2011（12）．

［41］蔡宏波．我国自由贸易区的贸易流量效应：基于面板数据的引力模型分析［J］．国际贸易问题，2010（1）．

［42］李宏岳．中国参与国际区域经济合作的战略思考［J］．经济问题探索，2010（1）．

［43］蔡宏波，黄建忠．中国自由贸易区战略的有效性：基于商品竞争性与互补性的分析［J］．商业经济与管理，2010（3）．

［44］刘晨阳．“跨太平洋战略经济伙伴协定”发展及影响的政治经济分析［J］．亚太经济，2010（3）．

［45］董丹．东亚自由贸易区：“10＋3”与“10＋6”的收益比较［J］．日本研究，2010（4）．

［46］沈铭辉．中国参与双边FTA：历程与前瞻［J］．国际经济合作，2010（4）．

［47］王玉主．亚洲区域合作的路径竞争及中国的战略选择［J］．当代亚太，2010（4）．

［48］陆建人．中国—东盟自由贸易区：经验、问题及对两岸签订ECFA的启示［J］．亚太经济，2010（5）．

［49］魏磊，张汉林．美国主导跨太平洋伙伴关系协议谈判的意图及中国对策［J］．国际贸易，2010（9）．

［50］姜鸿，张相文．自由贸易区下产业安全模型及中国自由贸易区战略选择［J］．宏观经济研究，2010（10）．

［51］李荣林，高越．APEC成员间建立FTA的影响因素研究［J］．世界经济研究，2010（11）．

［52］尤宏兵．中国FTA：特征、障碍与建设原则［J］．对外经贸实务，2010（11）．

［53］袁波，金波．“10+6”与“10+3”，孰难孰易——基于东盟5个“10+1”FTA的比较分析［J］．国际贸易，2010（12）．

［54］杨宏玲，郑明慧，靳静斐．中国参与FTA的战略意图探析［J］．中国商贸，2010（19）．

［55］耿凤英．全球FTA浪潮与中国FTA发展［J］．中国商贸，2010（26）．

［56］仁怀峰．中国实施自由贸易区战略简论［J］．广西社会科学，2009（1）．

［57］张义明．浅析中国“自由贸易区战略”的新区域主义特征［J］．东南亚纵横，2009（1）．

［58］吴金平，赵景峰．东亚区域经济一体化的历史演进：一个制度变迁视角［J］．亚太经济，2009（3）．

［59］张鸿．关于中国实施自由贸易区战略的思考［J］．国际贸易，

2009（3）.

［60］东艳，冯维江，邱薇．深度一体化：中国自由贸易区战略的新趋势［J］．当代亚太，2009（4）.

［61］刘昌黎．日本FTA/EPA的新进展、问题及其对策［J］．日本学刊，2009（4）.

［62］王丽娜，周明月．中国参与区域经济合作的现状及战略选择［J］．辽宁师范大学学报（社会科学版），2009（5）.

［63］余振，沈铭辉，吴莹．中国FTA战略中的国际环境合作：现状、问题、对策［J］．世界经济与政治论坛，2009（5）.

［64］程宏亮．北美自由贸易区：一种“美国模式”的地区主义战略［J］．复旦国际关系评论，2009（6）.

［65］沈铭辉．对构建中国FTA战略的思考［J］．新视野，2009（6）.

［66］黄粤，周磊．区域经济一体化过程中的“轮轴－辐条”结构研究［J］．长春大学学报，2009（7）.

［67］杨军红．中国自由贸易区的新制度经济学分析［J］．武汉理工大学学报，2009（12）.

［68］符大海．亚太新双边主义兴起的原因研究［J］．国际商务——对外经济贸易大学学报，2008（5）.

［69］赵金龙．中国在东北亚地区的FTA战略选择：基于CGE模型的比较研究［J］．东北亚论坛，2008（9）.

［70］陈文敬．我国自由贸易区战略及未来发展探析［J］．理论前沿，2008（9）.

［71］梁双陆，程晓军．国际区域经济一体化理论综述［J］．经济问题探索，2007（1）.

[72] 赵嵘．东亚区域合作中的“10+3”机制［J］．武汉大学学报，2005（5）．

[73] 朱颖．试论亚太区域经济合作中的双边主义特征［J］．当代亚太，2005（10）．

[74] 赵晋平．中国FTA战略日渐清晰［J］．瞭望新闻周刊，2005（36）．

[75] 周文贵．北美自由贸易区：特点、运行机制、借鉴与启示［J］．国际经贸探索，2004（2）．

[76] 李恒．从“10+3”看东亚区域经济合作的方式［J］．经济经纬，2004（6）．

[77] 舒波．北美自由贸易区成效分析及利益比较［J］．世界经济研究，2004（7）．

[78] 陆建人．亚太地区双边自由贸易协定及其影响［J］．经济研究参考，2003（1）．

[79] 柯雷，赵曙东．“10+1”自由贸易区在规模经济下的贸易模式研究［J］．亚太经济，2003（4）．

[80] 全毅．亚太地区双边FTA新浪潮与中国的战略选择［J］．东南学术，2003（4）．

[81] 郑昭阳．“10+1”和“10+3”贸易合作的比较分析［J］．亚太经济，2003（5）．

[82] 冯昭奎．10+3：走向东亚自由贸易区之路［J］．世界经济与政治，2002（3）．

[83] 胡庆江．东亚自由贸易区（EAFTA）路径选择研究［M］．北京：北京大学出版社，2013.

[84] 厉力．自由贸易区的原产地规则问题研究［M］．上海：复旦

大学出版社，2013.

［85］唐国强．跨太平洋伙伴关系协定与亚太地区经济一体化研究［M］．北京：世界知识出版社，2013.

［86］王微微．区域经济一体化的经济增长效应及模式研究［M］．北京：中国社会科学出版社，2013.

［87］李向阳．亚太地区发展报告（2011）［M］．北京：社会科学文献出版社，2011.

［88］对外经济贸易大学国际经济研究院课题组．中国自贸区战略：周边是首要［M］．北京：对外经济贸易大学出版社，2010.

［89］张蕴岭，沈铭辉．东亚、亚太区域合作模式与利益博弈［M］．北京：经济管理出版社，2010.

［90］李瑞林．区域经济一体化研究［M］．北京：人民出版社，2009.

［91］胡俊芳．中日韩自由贸易区贸易效果的实证分析［M］．上海：复旦大学出版社，2007.

［92］华晓红，庄芮，等．国际区域经济合作——理论与实践［M］．北京：对外经济贸易大学出版社，2007.

［93］宣烨．区域经济一体化与 FDI 流入：理论与实证研究［M］．合肥：合肥工业大学出版社，2007.

［94］张鸿．区域经济一体化与东亚经济合作［M］．北京：人民出版社，2006.

英文部分：

［1］Abbott M. F. NAFTA and the Legalization of World Politics：A Case Study［J］. International Organization，Vol. 54，2000.

[2] Aggarwal, V. K. & S. Urata. Bilateral Trade Agreements in the Asia – Pacific [M]. London ; New York : Routledge, 2006.

[3] Aminian, N., Fung, K. C. & Francis Ng. A comparative analysis of Trade and Economic Integration in East Asia and Latin America [J]. Economic Change and Restructuring, Vol. 42, 2009.

[4] Andrew, E. Towards a Single Market: A 21st Century Vision for Asia Pacific Economic Integration [J]. Journal of East Asian Economic Integration, Vol. 14, 2010.

[5] Anonymous. China – ASEAN FTA: Winners and Losers [J]. Asia Monitor: South East Asia Monitor, Vol. 21, 2010.

[6] Anonymous. Full Establishment of China – ASEAN Free Trade Area [J]. Filipino Reporter, Vol. 38, 2010.

[7] Ba, AD. Is China leading? China, Southeast Asia and East Asian integration [J]. Political Science, Vol. 66, 2014.

[8] Baharumshah, A. Z., Onwuka, K. O. & Muzafar, S. H. Is a Regional Trade Bloc a Preclude to Multilateral Trade Liberalization? Empirical Evidence from the ASEAN – 5 Economies [J]. Journal of Asian Economics, Vol. 18, 2007.

[9] Banerjee S. Asia and US Global Strategy [J]. Economics and Political Weekly, Vol. 10, 2012.

[10] Beeson, M. Asymmetrical Regionalism: China, Southeast Asia and Uneven Development [J]. East Asia, Vol. 27, 2010.

[11] Bo, C & Woo, Y. P. Measuring Economic Integration in the Asia – Pacific Region: A Principal Components Approach [J]. Asian Economic Papers, Vol. 9, 2010.

[12] Bonciu, F. Analysis of Japan's Existing and Forthcoming Free Trade Agreements in the Asia – Pacific and Global Context [J]. Romanian Economic and Business Review, Vol. 8, 2013.

[13] Boutin, J. D. K, Balancing Act: Competition and Cooperation in US Asia – Pacific Regionalism [J]. Japanese Journal of Political Science, Vol. 12, 2011.

[14] Brain, B. Learning from Europe. Lessons for Asian Pacific regionalism [J]. Asia Europe Jounal, Vol. 2, 2004.

[15] Cai, K. G. The Political Economy of Economic Regionalism Northeast Asia: A Unique and Dynamic Pattern [J]. East Asia, Summer, 1999.

[16] Cavoli, T. Exploring Dimensions of Regional Economic Integration in East Asia: More than the Sum of its Parts? [J]. Journal of Asian Economics, Vol. 23, 2012.

[17] Cheong, Inkyo & Jose, T. Comparing the Economic Impact of the Trans – Pacific Partnership and the Regional Comprehensive Economic Partnership [J]. Asian Economic Papers, Vol. 12, 2013.

[18] Cheow, E. T. C. Strategic Relevance of Asian Economic Integration [J]. Economic and Political Weekly, Vol. 9, 2005.

[19] Chiang, M. The Potential of China – Japan – South Korea Free Trade Agreement [J]. East Asia, Vol. 30, 2013.

[20] Chin, G. & Stubbs, R. China, Regional Institution Building and the China – ASEAN Free Trade Area [J]. Review of International Political Economy, Vol. 8, 2011.

[21] Chong – Soon, L. & Moon, D. Impacts of Sequential Free Trade Agreements in East Asia: A CGE and Political Economy Analysis [J]. Global

Economic Review, Vol. 39, 2010.

[22] Crone, D. The Politics of Emerging Pacific Cooperation [J]. Pacific Affairs, Vol. 1, 1992.

[23] Dai, C. Economic Cooperation and Regional Stability in East Asia: Perspective from China [J]. Journal of Global Policy and Governance, Vol. 2, 2013.

[24] Das, R. M., Vasudev, C. M. & Gupta, M. Regional Integration and Cooperation in Asia—An Indian Perspective [J]. Global Journal of Emerging Market Economies, Vol. 3, 2011.

[25] Dent, C. Freer Trade, More Regulation? Commercial Regulatory Provisions in Asia - Pacific Free Trade Agreements [J]. Competition & Change, Vol. 14, 2010.

[26] Dent, C. M. Japan, China and East Asian Regionalism: Implications for the European Union [J]. Asia Europe Jounal, Vol. 7, 2009.

[27] Dinda, S. China integrates Asia with the World: an Empirical Study [J]. Journal of Chinese Economic and Foreign Trade Studies, Vol. 7, 2014.

[28] Feinberg, R. Voluntary Multilateralism and Institutional Modification: The First Two Decades of Asia Pacific Economic Cooperation (APEC) [J]. Vol. 3, 2008.

[29] Feng, Y. & Genna M. G. Regional integration and Domestic Institutional Homogeneity: a Comparative Analysis of Regional Integration in the Americas [J]. Pacific Asia and Western Europe, Vol. 5, 2003.

[30] Findlay, C. & S. Urata. Free Trade Agreements in The Asia Pacific [M]. World Scientific Publishing Co Pte Ltd, 2010.

[31] Florian, M. & Volz, U. Trade Creation and the Status of FTAs: Empirical Evidence from East Asia [J]. Review of World Economics, Vol. 147, 2011.

[32] Gui, G. US Role in the Leadership of Economic Integration in East Asia [J]. Canadian Social Science, Vol. 8, 2012.

[33] Hamanaka, H. Evolutionary Paths toward a Region – wide Economic Agreement in Asia [J]. Journal of Asian Economics, Vol. 23, 2012.

[34] Hwang, H. APEC and Emerging Regionalism in North East Asia [J]. Asia Europe Jounal, Vol. 4, 2006.

[35] Inkyo, C. Regionalism and Free Trade Agreements in East Asia [J]. Asian Economic Papers, Vol. 2, 2003.

[36] Jhee, B. K. Public Support for Regional Integration in Northeast Asia: An Empirical Test of Affective and Utilitarian Models. International Political Science Review [J]. Vol. 1, 2009.

[37] John, R. Reshaping the Asia Pacific Economic Order [J]. Pacific Affairs, Vol. 81, 2008.

[38] Joshua, K. Pax Asia – Pacifica East Asian Integration and Its Implications for the United States [J]. Washington Quarterly, Vol. 30, 2007.

[39] Jugurnath, B., Stewart, M. & B. Robert. Asia/Pacific Regional Trade Agreements: An empirical study [J]. Journal of Asian Economics, Vol. 18, 2007.

[40] Katzenstein, P. J. Regionalism and Asia [J]. New Political Economy, Vol. 5, 2000.

[41] Kawai, M. East Asian Economic Regionalism: Progress and Challenges [J]. Journal of Asian Economics, Vol. 16, 2005.

[42] Kawai, M. ADB Institute, Tokyo, and Ganeshan Wignaraja, ADB, Manila (2011), A Closer Look at East Asia's Free Trade Agreements [J]. http://www.eastasiaforum.org, Feb 1st, 2011.

[43] Kawai, M. & Ganeshan, W. Asian FTAs: Trends, Prospects and Challenges [J]. Journal of Asian Economics, Vol. 22, 2011.

[44] Kerr, D. Greater China and East Asian Integration: Regionalism and Rivalry [J]. East Asia, Vol. 21, 2004.

[45] Kim, J. Sub – regionalism, Regionalism, Trans – regionalism. Implications for Economic Integration and International Trade Policies [J]. Asia Europe Jounal, Vol. 1, 2003.

[46] Kim, . N – K. European Experience for East Asian Integration: Ideas, National Interests, and the International Circumstance [J]. Asia Europe Jounal, Vol. 9, 2009.

[47] Kim, Y. H. The Optimal Path of Regional Economic Integration between Asymmetric Countries in the North East Asia [J]. Journal of Policy Modeling, Vol. 27, 2005.

[48] Kodama, Y. Asia Pacific Economic Integration and the GATT/WTO Regime [M]. Kluwer Law International, 2000.

[49] Koopmann, G. & Vogel, L. Regionalisation of Trade and Regionalism in Trade Policy – Patterns, Strategies and Impact [J]. Intereconomics, Vol. 10, 2008.

[50] Lakatos, C. & Terri, W. Investment Creation and Diversion Effects of the ASEAN – China Free Trade Agreement [J]. Economic Modeling, Vol. 29, 2012.

[51] Lee, C. Characteristics and Prospects for East Asian Economic Inte-

gration: a Korean Perspective [J] . Economic Change and Restructuring, Vol. 4, 2008.

[52] Lee, H. , Owen, R. F. & Dominique, V. D. M, Regional Integration in Asia and its Effects on the EU and the North America [J] . Journal of Asian Economics, Vol. 20, 2009.

[53] Lee, J. W. & Shin K. . Does Regionalism Lead to More Global Trade Integration in East Asia? [J] . The North American Journal of Economics and Finance, Vol. 17, 2006.

[54] Linn, J. F. & David, T. The New Impetus towards Economic integration between Asia and Europe [J] . Asia Europe Journal, Vol. 3, 2006.

[55] L Zhang, Z Sun. Effects of China's Rise on East Asian Economic Integration [J] . Economic Change and Restructuring, Vol. 41, 2008.

[56] Lori, W. Tpp: NAFTA on Steroids [J] . Nation, Vol. 295, 2012.

[57] Mastanduno, M. Models, Markets, and Power: Political Economy and the Asia - Pacific, 1989 - 1999 [J] . Review of International Studies, Vol. 26, 2000.

[58] McDonald, S. Robinson, S. & Karen, T. Asian Growth and Trade Poles: India, China, and East and Southeast Asia [J] . World Development, Vol. 2, 2008.

[59] Molders, F. & Ulrich, V. Trade Creation and the Status of FTAs: Empirical Evidence from East Asia [J] . Review of World Economics, Vol. 147, 2011.

[60] Muhamad, N. Economic Integration in Asia - Pacific [J] . International Trade Forum, Vol. 4, 2014.

[61] Nagayasu, Jun. Macroeconomic interdependence in Ease Asia

[J] . Japan and the World Economy, Vol. 22, 2010.

[62] Nicolas, F. The political Economy of Regional Integration in East Asian [J] . Economic Change and Restructuring, Vol. 41, 2008.

[63] Park, C – G. Japan's Leadership Shifts: From the East Asian Crisis to the Establishment of an ASEAN + 3 Summit [J] . International Area Studies Review, Vol. 9, 2006.

[64] Park. S – H. & Jeong. Y. L. APEC at a Crossroad: Challenges and Opportunities [J] . Asian Perspective, Vol. 33, 2009.

[65] Peter, C. C. Y. & Ciuriak, D. The FTA Music Is Playing in Asia: After ECFA, Will Taiwan Join the Dance? [J] . International Trade Journal, Vol. 26, 2012.

[66] Plummer, M. G. ASEAN – EU Economic Relationship: Integration and Lessons for the ASEAN Economic Community [J] . Journal of Asian Economics, Vol. 17, 2006.

[67] Pomfret, R. & Sourdin, P. Have Asian Trade Agreements reduced trade costs? [J] . Journal of Asian Economics, Vol. 20, 2009.

[68] Pushpa, T. The Politics and the Economics of Integration in Asia and the Pacific [J] . ASEAN Economic Bulletin, Vol. 36, 2012.

[69] Ravenhill, J. The New Bilateralism in the Asia Pacific [J] . Third World Quarterly, Vol. 24, 2003.

[70] Shen, C. Asia – Pacific Inclusive Cooperation and China's Strategic Choice [J] . Journal of the Humanities and Social Sciences, Vol. 9, 2014.

[71] Shintaro, H. Trends of Trade Interdependence and Proliferation of FTAs in Asia: 1980 – 2010 [J] . Global Economy Journal, Vol. 12, 2012.

[72] Skulska, B. Process of the Economic Integration of China with ASEAN Countries. An Overview [J]. Folia Oeconomica Stetinensia, Vol. 10, 2010.

[73] Sohn, C – H. & Hongshik, L. Trade Structure, FTAs, and Economic Growth [J]. Review of Development Economics, Vol. 14, 2010.

[74] Song, G & Wenjin, Y. China's Free Trade Agreement Strategies [J]. The Washington Quarterly, Vol. 35, 2012.

[75] Su, H. Regionalism in Competition: EU Experience and its Theoretical Implications for Asian Integration [J]. Journal of Global Policy and Governance, Vol. 1, 2012.

[76] Takahashi, G. The Barriers and Solutions to Integration of the EAFTA and TPP [J]. Journal of Global Policy and Governance, Vol. 2, 2013.

[77] Womack, B. Northeast Asia in a Multinodal World [J]. East Asia, Vol. 31, 2014.

[78] Tan, K – Y., Park, I. & Mun – Heng, M. Strategic Interests of ASEAN –5 in Regional Trading Arrangements in the Asia – pacific [J]. Asia Pacific Journal of Management, Vol. 16, 1999.

[79] Urata, S. Japan's Free Trade Agreement Strategy [J]. The Japanese Economy, Vol. 36, 2009.

[80] Venables, A. International Trade: Economic Integration [J]. Vol. 2, 2015.

[81] Wang, H. Comparative Regionalization: EU Model and East Asia's Practice for Regional Integration [J]. Journal of Global Policy and Governance, Vol. 2, 2013.

[82] Weixing, H. Building Asia – Pacific Regional Institution: the Role of APEC [J]. Procedia – Social and Behavioral Sciences, Vol. 77, 2013.

[83] Wignaraja, G. Will South Asia Benefit from Pan – Asian Integration? [J]. South Asia Economic Journal, Vol. 2, 2015.

[84] Woohyoung, K. A Study on the Feasibility of an FTAAP and Korea's Strategy [J]. International Area Review, Vol. 13, 2010.

[85] Xin, L. A General Equilibrium Analysis of the TPP Free Trade Agreement With and Without China [J]. The Journal of Applied Economic Research, Vol. 8, 2014.

[86] Yuen, S. C. & Hur, J. R JUNG. Small Hubs, Large Spokes and Overlapping Free Trade Agreements [J]. The World Economy, Vol. 31, 2008.

[87] Zhu, H. Building the New Silk Road across the Pacific. Economic and Trade Relations between China and Latin America after the Financial Crisis in 2008 [J]. Gcg Revista De Globalizacion, Competitividad & Gobernabilidad, Vol. 6, 2012.